대한민국에서 의사로 산다는 것

의사외전

대한민국에서 의사로 산다는 것
의사외전

1쇄 펴낸날 | 2021년 11월 29일
지은이 | 김장한, 김현아, 박형욱(가나다순)
펴낸이 | 유은실
펴낸곳 | 허원미디어
주소 | 서울시 종로구 필운대로7길 19(옥인동)
대표전화 | (02) 766-9273
팩시밀리 | (02) 766-9272
홈페이지 | http://cafe.naver.com/herwonbooks
출판등록 | 2005년 12월 2일 제300-2005-204호

ⓒ 김장한, 김현아, 박형욱 2021

ISBN 978-89-92162-93-7 03330

값 18,000원

* 잘못 만들어진 책은 구입하신 서점에서 교환해 드립니다.
* 이 책 내용의 일부 또는 전부를 재사용하려면
반드시 도서출판 허원미디어의 동의를 얻어야 하며 무단복제와 전재를 금합니다.

대한민국에서 의사로 산다는 것
의사外전

김장한
울산대 의대 교수
김현아
한림대 의대 교수
박형욱
단국대 의대 교수
지음

정치·자본주의와
충돌한 대한민국 의료

거리로 나온 의사들

추천사 1

권성택
(전국의대교수협의회 전임 회장,
서울대학교 의과대학 성형외과)

의약분업 사태와 공공의대 사태를 젊은 교수와 늙은(?) 교수로 각각 겪어보니 결국 의사의 편은 아무도 없다는 것이 더욱더 뼈저리게 가슴 깊이 지울 수 없는 상처로 각인된다. 이번에 교수님들의 노고로 사태의 큰 그림을 짚고 현실을 조망하는 책이 나왔다는 것에 조금은 위안을 받는다. 과거 의약분업 사태 이후 20년이나 흘렀건만 아무것도 변한 것이 없는 우리나라의 현실에서 앞으로는 좀 달라질 수 있는 실마리가 될 수 있기를 바란다. 전 세계적으로 유래가 없는 수술장 감시 카메라까지 등장하는 등 우리나라의 의료에 대한 불신은 극한을 달리고 있다. 그 책임이 의사들에게만 있는 것은 아닐 터인데 의사들은 항상 제도와 정책의 모순에 기인한 불합리에 대한 것까지 덤터기로 욕을 먹어야 했다. 최근 큰 인기를 끈 '오징어 게임'

이라는 드라마가 있었다. 인생 밑바닥에 몰린 사람들이 서로를 죽여야만 내가 살 수 있는 잔인한 게임 속으로 초대받는 이 드라마에는 다양한 인간 군상들이 등장하고 때로는 인간성을 의심하게 하는 흉포한 모습을 보인다. 이 안에서 누가 나쁘고 누가 정의로운지를 따지는 것은 큰 의미는 없다. 게임을 그렇게 설계한 상층의 악이 문제인 것이다. 그런데 불합리한 의료 정책이라는 말판 위에서 나름 최선을 다하는 전문직을 이렇게 불신하고 미워한다면 이제는 단순한 감성과 숭고한 사명감만으로는 국민건강을 지킬 수 없다. 이럴수록 우리가 보다 냉철하게 상황을 인지하고 바른 방향으로 인도할 수 있는 혜안이 절실하다.

《의사외전》은 일반 국민이 이해할 수 없었던 2020년 파업 시 의사들의 행동이 왜 이렇게 될 수밖에 없었는지에 대한 배경 설명과 함께 화두가 되었던 "공공의료"의 실현을 위해서는 무엇을 어떻게 해야 하는지를 성찰한다. 집필에 온 힘을 다하신 저자들에게 깊이 감사드리며 아무쪼록 학생으로부터 중견 의사까지 국민과 함께 현실과 미래를 공유할 기회와 계기가 되기를 희망한다.

추천사2

신상진(前 국회의원, 의사)

　작년 여름 코로나19의 상황에서 환자 진료에 불철주야 노고를 아끼지 않았던 전공의들과 의학공부에 매진하던 의과대학생들이 단체행동에 나섰다. 2000년도 정부의 일방적인 의약 분업 정책에 반하여 의사들이 전국적인 대규모 파업을 벌인 지 20년 만이다. 당시 의사협회에서 파업을 이끌었던 입장에서 20년간 전혀 변한 것이 없는 정책과 의료 현실에 대해 자괴감만 느껴진다. 많은 국민이 의사들의 단체행동을 한낱 밥그릇 챙기기로만 보는 현실도 달라진 것이 없다.
　다행히 의과대학 교수들은 전공의들의 빈자리를 메우며 의료공백을 막고 환자들의 안전한 진료를 보장하기 위해 최선의 노력을 다했고 파업이 종료될 때까지 우려했던 파국은 없었다. 그러나 그 과정에서 의사들의 집단행동에 대한 무차별적인 비난이 쏟아졌고 신뢰를 기본으로 하는 의사와 환자의 관계는 더욱 황폐해질 위험에 놓이게 됐다.

　이는 의사 인력의 수급 불균형, 의료 전달 체계의 붕괴 등 시급한 의료 현안은 내팽개친 채 지역구의 정치적 이득을 앞세운 공공의대 신설 및 의대 정원 확대에만 혈안이 된 정치인들의 책임이 가장 크다 할 것이다. 2000년 의료파업 후의 가장 큰 수확이었던 보건의료기본법은 국민건강증진을 위한 보건의료 발전계획을 세우도록 법적으로 규정하고 있었으나 이 법안은 지난 20년간 실종되고 땜질 정책만 난무하게 됐다. 한 가정의 살림을 건실히 하기 위해서도 장기간의 목표 설정과 재정 계획은 반드시 필요한 것일 터인데 국가의 근본을 이루는 의료정책을 이런 식으로 함부로 다루어 왔다는 것에 개탄하지 않을 수 없다.

　젊은 의사들과 의대생들의 투쟁으로 무책임한 의대 정원 확대와 공공의대 신설은 제동이 걸리기는 했으나 이들이 정부에 대한 신뢰를 잃어버린지는 이미 오래다. 의료정책은 편향된 일부 학자에 의해 현실을 무시한 채 밀어붙일 수 있는 것이 아니고 심도 깊은 토론을 통해 부작용을 줄이는 것이 필요하다.

　이번에 파업이 1년 지난 시점에 전국의과대학교수협의회가 파업을 정리하고 이번 정책의 화두였던 "공공의료"를 심도 깊게 분석하는 책을 출간하게 된 것은 매우 환영할 일이다. 우리나라 의료가 정책입안자들의 장기간의 계획이 없음은 물론

이고 적절한 재정 규모에 대한 분석 불능, 자영업으로서의 의료와 공공의료의 불균형에 의한 문제점에 대한 혜안 부족 때문에 이렇게 많은 갈등 국면에 들어간 것임을 감안할 때 이 책은 지금 이 시점의 대한민국 의료를 꿰뚫어보고 보다 건설적인 방향으로의 의료 백년대계를 세우는 주춧돌이 될 것으로 생각한다.

2020년 파업에 나섰던 예비의사와 젊은 의사들의 목소리가 그 진정한 의미를 찾기를 바란다.

추천사3

안철수(국민의당 당대표, 의사)

　2020년 여름, 의사들의 파업으로 우리는 큰 홍역을 치렀습니다. 민주당의 '공공의대 설립' 발표로 촉발된 파업은 전공의에 교수와 의대생까지 동참하면서 파국으로 치달았습니다. 정부와 의사협회의 합의, 의대생들의 의사고시 거부와 재시험 등 우여곡절 끝에 사태는 일단락됐습니다.
　근본적 해결 대신 미봉책으로 덮었기 때문에 이 문제는 활화산처럼 언제 다시 터질지 모릅니다.
　맥락을 보면 사태의 책임은 정부가 져야 합니다. 정부가 하필 코로나19 사태가 심각했던 3차 대규모 확산 시기에 의사들이 반대할 것이 명백한 정책을 발표했기 때문입니다.
　공공의대를 세우거나 의대 정원을 늘린다 해도 효과는 빨라야 10년 후에 나타납니다. 당장 발표가 급하지 않은 정책을 이 시기에 내놓은 의도가 의심스럽습니다. 의사들이 반발하면 여론의 뭇매를 맞을 것이라는 얄팍한 계산까지 하지 않았겠냐는 추측도 있습니다.

또한 정부에서 공청회나 의료계와의 협의 등 의견수렴 과정을 거치지 않고 밀어붙인 것도 큰 잘못입니다. 의료 분야의 중대한 정책 결정과정에서 배제된 의사들이 반발하는 것은 너무 당연한 일이기 때문입니다.

사태가 커지자 정부는 국민을 갈라치기 해서 의사들을 공공의 적으로 만들려고 했습니다. 국민 간 갈등의 골은 깊어졌고, 불신의 벽은 높아졌습니다. 코로나19 방역을 위해 혼신의 힘을 다 하고 있었음에도 국민의 건강을 볼모로 밥그릇싸움이나 하는 사람들로 매도당했습니다.

의사들로서는 억울한 노릇이었습니다만, 당시 여론조사를 보면 국민의 마음을 충분히 얻지는 못했습니다.

아무리 선의라 할지라도 여론을 등에 업지 못하면 성공하기 어렵습니다. 정부가 막무가내로 나올지라도 의사들의 첫 대응은 전략적인 사고로 차분하고 이성적이었어야 합니다. 정부의 정책이 왜 틀렸는지 설명하고, 합리적인 대안을 제시하면서 국민을 설득하는 노력을 먼저 시도했다면 더 좋았을 것입니다. 그랬다면 현명한 우리 국민은 의사들의 손을 들어줬을 것입니다. 아쉬움이 남는 대목입니다.

이런 상황에서 《의사외전》 출간은 시의적절하고 필요하다고 생각합니다. 여기에는 국민에게 다가가고자 하는 의사들의 노력과 고민이 생생하게 담겨 있습니다. 의료계의 근본적인 문제가 무엇인지 진단하고, 파업을 할 수밖에 없었던 이유를 소상하게 설명하고 있습니다. 의사들의 주장과 요구가 왜 합리적이며, 정부 의료정책은 어느 부분이 틀렸는지, 다양한 해외 사례를 들어 분석하고 있습니다.

《의사외전》은 우리 의료계가 안고 있는 다양한 문제와 의사들의 고충을 이해하는 데 큰 도움이 될 것입니다. 정부의 의료정책 담당자가 이 책을 읽는다면, 타성과 편견에서 벗어나 현실을 정확하게 파악하고 해결방법을 찾을 수 있을 것입니다. 《의사외전》이 국민과 정부와 의사들의 마음을 연결하는 가교가 되기를 바랍니다.

프롤로그

히포크라테스 후예들의
'이유 있는' 항변

김장한(울산대 의과대학)

『인생은 짧고, 예술은 길다(Ars longa, vita brevis)』.

전 국민이 다 아는 이 명언은 왜곡되고 날조된 것이다. '의학의 아버지'로 불리는 히포크라테스(Hippocrates)가 한가롭게 '예술'을 논했을 리 없다. 원문이 라틴어·영어로 번역되고, 영문이 국어로 오역되면서 진실에서 멀어지고 말았다. 'ars(art)'는 '예술'이 아니라 '기술'로 해석해야 하는데, 의사에게 기술은 '의술(醫術)'이다. 히포크라테스가 "경험적 지식의 의술"을 주창했다는 점에서 'vita(life)'도 '인생'이 아니라 의사가 돌보는 환자의 '생명'으로 해석하는 것이 맞을 것 같다.

이런 관점으로 오역을 바로잡으면『생명은 짧지만, 의술은 길다』가 되고, 의역하면『환자의 생명을 구하려는 치료는 실패했지만, 그 과정에서 의술은 발전한다』가 될 것이다. 히포크라테스의 고뇌와 의지가 응축된 한마디라 할 만하다. 아무리 훌륭한 명언도 본질을 놓치면 엉뚱하게 왜곡되고 진실은 묻히게 마련인데, 이처럼 의사를 예술가로 둔갑시킬 수도 있다.

21세기 대한민국에 사는 '히포크라테스의 후예'들도 그 진정성이 왜곡당하고 있는지 모른다. 2020년 의사파업은 사실상 의사들의 패배로 끝났다. 의사들은 정부와의 싸움에서 졌을 뿐만 아니라 국민들로부터도 외면당했다. 코로나 팬데믹으로 온 국민이 생존을 위협받는 상황에서 의사들은 "국민의 생명을 지킬 의무를 망각한 채 도리어 국민의 생명을 볼모로 제 밥그릇이나 지키려는 파렴치한"들로 낙인이 찍히고 말았다. 세간의 표현대로 "의사씩이나 되는" "벌 만큼 벌고 누릴 만큼 누리는" 엘리트들이 말이다. 증폭된 국민적 공분으로 방역 현장에서 바이러스의 확산을 온몸으로 막아내던 의사들까지 몹쓸 '의레기' 취급을 받아야 했다.

의사는 노동자가 아니다?

　필자들을 포함한 선배 의사들과 교수들은 젊은 후배들의 집단행동을 지지하지도, 막지도 못했다. 어떤 이는 재단과 병원의 눈치를 봤고, 어떤 이는 정부와 정치권에 밉보일까 몸을 사렸고, 어떤 이는 정쟁과 가짜뉴스에 이용당하기도 했다. 나머지 대부분도 어떻게 할지 몰랐거나 차라리 모르고 싶어 눈을 가리고 입을 닫았다.

　파업과 의사국가고시 거부에 참여한 젊은 의사들과 의대생들은 정말 의료인의 소명을 망각한 채 제 밥그릇만 챙기려는 파렴치한들이었을까? "머리 좋고 공부만 잘한", "사회성과 공감능력이라고는 찾아볼 수 없는", "비뚤어진 엘리트의식에 갇힌" 돌연변이들이었을까?

　이동노동자들의 파업으로 물류대란이 일어났다고 파업에 참가한 노동자들을 파렴치한으로 몰지는 않는다. 대학병원노조의 파업을 두고도 일각에선 "환자들 생각도 해야 하지 않나" 비난도 했지만 '오죽 열악했으면 환자들도 있는데 파업까지 했을까' 하는 동정 여론도 있었다. 그런데 어찌된 일인지 의료재단이나 병원 측에 책임을 물을 때도 사람들은 의사들을 재단·병원 측과 한 패 취급을 한다. 아무리 격무와 위험에 시달려도 '의사는 의사이지, 노동자는 아니다'는 인식은 뿌리가 깊다.

'소명'을 볼모로 의사를 통제하는가

왜 의사들의 파업은 존중과 이해는커녕 맹비난을 받는 것일까. 의사들에게 위로가 될지는 모르지만, 의사를 '직업인(職業人)' 이전에 생명을 다루는 '소명인(召命人)'으로 보기 때문일 것이다. "내 건강과 목숨을 맡길 만큼 신뢰하고 존경하는 '의사선생님'이니까 '선생님다움'을 잃지 말고, 사회적 지위에 두둑한 수입까지 보장해 주었으니, 버는 만큼, 누리는 만큼 처신해 달라"고 암묵적으로 요구하는 것이다. 이런 기대를 묵살하고 "착취당하는 노동자 코스프레"를 했으니 "있는 놈이 더하다"는 비난의 화살이 쏟아질 밖에.

대한민국 의사에게 국민의 생명을 지킬 소명이 있음을 의사들도 모르지 않는다. 하지만 의사의 소명은 국가가 부여하거나 강요하는 것이 아니라 의사가 스스로 받아들이고 자발적으로 지키는 것이다. 국가가 의사면허를 주었으니 국가의 의료정책에 무조건 복종하라는 것은 국가가 소명을 볼모로 의사들을 통제하는 것이나 다름없다. '의사면허'는 말 그대로 '자격'이지 '의무'가 아니다. '히포크라테스선서'는 의사로서 자신에 대한 맹세이지, 국가가 의사에게 채우는 족쇄가 아니다. 게다가 대한민국의 의사는 공무원이 아니며 요즘은 공무원도 무조건 복종하지는 않는다.

작든 크든 의사에게도 '밥그릇'은 생명이다

　소명은 숭고하다. 하지만 소명만으로 의사가 될 수는 없다. 한 명의 의사가 만들어지기까지 얼마나 많은 시간과 비용과 노력과 경쟁이 있는지는 의사가 된 사람만 안다. 사람의 병을 고치는 의사는 언제나 칼날 위에 서 있다. 고장 난 기계를 고치는 일이 아니므로 단 한 번의 실수와 오판은 '되돌릴 수 없는' 실패가 되고 환자뿐 아니라 의사에게도 치명적일 수 있다. 과학자의 실패는 실험이지만, 의사는 인간의 생명을 실험할 수 없고, 실패가 히포크라테스의 명언처럼 의술에 발전에 기여할지는 몰라도 때로는 당사자인 의사에겐 자격상실의 위기가 될 수도 있다. 그래서 의사는 때로는 햄릿처럼 "죽느냐 사느냐"고 뇌하고, 때로는 돈키호테처럼 '의사도정신'으로 과감하게 메스를 대야 하고, 어느 땐 지킬 박사처럼 "지금 이 순간" 모든 걸 걸고 승부수를 던져야 한다.

　그러니 아무나 의사가 될 수 없고, 아무나 의사가 돼서도 안 된다. 해병처럼 "누구나 의사가 될 수 있다면 나는 결코 의사가 되지 않았을 것이다"까지는 아니라 해도 의사 한 명이 탄생하는 것은 '위대한' 일이다. 한 명의 의사가 백 명의 목숨을 구할 수도 있고, 국가와 인류를 구하기도 하기 때문이다.

　어떠한 이유로도 의사가 파업하는 것을 용납하지 않는 이들이 그토록 강조하는 '소명'대로 국민의 생명을 다루고 지켜야 하므로 의사는 의사가 되기까지 오랜 숙련의 고통을 견뎌야 한다. 우리나라에서 해병은 국가가 만들지만 의사가 배출되는 데 국가가 딱히 해준 것은 없다. 자력으로 모든 기회비용을 감수하며 의사가 됐으니 의사에게도 작든 크든 '밥그릇'은 중요하다.

메스 한 자루 쥐고 콜로세움에 갇힌 글래디에이터

'의대 증원' 정책에 반대하는 의대생들이 지키려던 것이 '밥그릇'만은 아니라고 항변해 봐야 믿을 국민도 없는 마당에 정치인들처럼 "환자와 국민을 위한 불가피한 선택이었다"고 하면 국민들로부터 더 큰 미움을 살 것이다. 세상물정도 정치도 모르는 의사들은 '미움 받을 용기'조차 없다.

우리나라에 의사가 부족한가? 그보다 의사는 언제나 다다익선(多多益善)일까? 의사 부족은 착시가 아닐까? 사람의 병만 보아온 의사들 눈에도 '의사 수' 논란은 총량의 문제가 아니라 분포와 쏠림의 문제다. 부재가 아니라 접근성의 문제다.

대학병원에 과장 특진을 예약하고 몇 주 몇 달을 기다려 고작 '3분 진료'라니 그런 환자들에게 의사는 늘 부족하다. 동네의원에서도 받을 수 있는 간단한 진료와 가벼운 치료도 대형 종합병원, 대학병원부터 찾아야 안심이 되는 환자들에게는 의사는 더더욱 부족하다. 전국민 개(皆)보험제도 덕분에 누구나 원하는 병원을 같은 비용으로 이용할 수 있고, 큰 병원일수록 더 많은 돈을 벌기 위해 환자 유치에 더 열을 올린다. 화려한 인테리어로 진지를 구축하고 새로운 의료기기를 신무기처럼 도입해 검사에 검사를 추가하며 다른 병원들과 전쟁하듯 수익경쟁을 한다.

개원의들은 개원의들대로 골목시장에서 생존의 혈투를 벌인다. 대한민국 개원의들은 메스 한 자루를 쥐고 콜로세움에 갇힌 글래디에이터 같다. 환자의 병과 싸워야 할 의사들이 생존을 위해 자기들끼리 전쟁을 치르고 있다. 의사는 부자인가? 벌 만큼 벌어도 번 만큼 쓸 겨를도 없이 바쁜 의사가 있는 반면, 쓸 만큼도 벌지 못하는 '호스피털푸어(Hospital Poor)'도 적지 않다. 의사들도 '양극화'와 '부익부빈익빈'의 굴레에서 자유롭지 못하다.

의료정책은 부동산정책과 닮은꼴

우리 나라 의료의 정말 큰 문제는 의사 수 부족이 아닌 민간병원('사립병원'이 더 적확한 표현일지 모른다)을 시장에 내

몰아 무한경쟁을 조장하는 것이다. 공공병원, 지역병원, '기피과(科)에 의사들이 갈 수 없게 만드는 정책 실패가 문제다. 대도시에는 병원이 넘쳐나게 하고 지방과 지역을 의료사각지대로 방치하는 게 문제다.

정부가 의대생 증원의 명분으로 내세우는 공공의료도 '빛 좋은 개살구'다. 그러나 정치인들은 있는 공공병원도 제대로 운영하지 못하면서 선거철만 되면 공공병원과 지방의대 설립의 전도사가 된다. "증세 없는 복지가 허구"인 것처럼 '예산 없는 공공의료'도 '공약(空約)'에 지나지 않는다. 적자를 보도록 방치해놓고 적자를 문제 삼으면 공공병원은 설 자리가 없다. 공공병원과 지역병원은 젠트리피케이션(gentrification)으로 환자들이 없는 공장지대와 산꼭대기로 밀려나 적자가 더 커지는 악순환이 반복된다.

의대생 증원과 공공·지역병원 확충으로 대변되는 의료정책은 부동산정책과 닮은꼴이다. 부동산 가격이 치솟아 내집마련이 어려우니 주택 공급을 늘리고 지방에 공공주택을 짓겠다고 하지만 효과는 커녕 실패를 거듭하는 것은 집값이 오르는 근본적인 원인을 못 짚어내기 때문이다. 정말 대한민국에 주택이 부족한가? 집값이 오를 만한 곳에 내집마련을 할 수밖에 없는 경쟁 속으로 내몬 것은 아닌가? 환자가 서울로 대도시로 몰리는 것을 막을 방도를 찾아야지, 언제까지 의사들이 산간오지로 내려가지 않는 것을 비난만 할 것인가?

의사에게도 변호할 의사가 필요하다

"비뚤어진 엘리트의식에 사로잡혔다" 비난받는 의사들은 적어도 정치적으로는 엘리트가 아니다. 지난해 젊은 의사들의 집단행동이 국민들로부터 '지지'는 커녕 '지탄'의 대상이 된 것만 봐도 의사들이 얼마나 정치적으로 문외한인지 증명되고도 남았다. 정치가 뭔지 관심조차 가질 여유가 없는 그들의 단체 행동에는 탁월한 리더십도 공고한 결집력도 없었다. 너무 순진하고 서툴러 안쓰럽기까지 했다.

그럴 의도가 없었지만 나쁘게 사용된 수어(手語) 때문에 엉뚱하게도 이해당사자도 아닌 장애인단체로부터 비난을 받는가 하면 "전교1등 출신 의사한테 진료를 받고 싶지 않느냐?"는 의도하지 않은 '플렉스'로 빈축을 산 것도 그만큼 그들이 정치적으로 사고하고 행동하는 데 전혀 소질이 없음을 방증한다. 혀를 차면서도 우리는 차라리 그게 나았는지도 모른다고 생각한다. 의대생과 젊은 의사들이 정치적으로 노련했다면, 치밀하고 주도면밀하게 파업을 진행했다면 아마도 국민들은 "의사공부는 안 하고 정치하는 것만 배웠다"고 비난했을 것이다. '정치검사'도 많고, 요즘은 '정치변호사'도 있는데, '정치의사'는 없다.

대학 입시 때부터 유망 직업으로 쌍벽을 이룬다는 변호사와 비교해도 의사는 억울한 게 많다. 변호사는 의뢰인의 변론 수임을 거부했다고 처벌받지 않고, 중도사퇴도 가능한 반면, 의사는 치료를 거부할 수 없고 임의로 중단할 수도 없다. 사회활동도 금기시되는 분위기다. 의사는 병원에만 있어야 하고, 방송에 나와 정치·사회·문화를 논하면 그 자체로 비난을 받을 수도 있다. 종편을 비롯해 미디어마다 '방변'이라 불리는 변호사들이 패널 집단의 주류로 활약하는 것과 대조적이다. 전문성의 문제라면 방변들은 얼마나 연관성이 있을까. 변호사는 자신을 변호할 수 있지만 의사는 그럴 수 없다. 의사에게도 의사를 변호할 의사가 필요하다.

패자만 있는 승자가 없는 전쟁…
"파업은 짧고, 진실은 길다"

의사는 대한민국에서 '공공의 적'이 된 것 같다. 공공의료·지역의료가 안 되는 것도 의사들이 돈벌이에 눈이 멀어 험지를 기피하기 때문이라는데, 정작 지역·공공병원은 임금 체불이 다반사이고 민간 병원과의 힘겨운 경쟁에 밀려 적자가 다반사다. 환자를 뺏기고 수가 문제로 비급여 진료를 하지 않으면 운영이 안 되기 때문이다.

    대한민국 의료시스템은 세계적으로 "좋다"는 소리를 듣는데, 왜 대한민국 의사들은 국민들로부터 "나쁘다"는 비난을 받는가? '나쁜 의사'는 파업하는 의사가 아니라 잘못된 의료정책에 순응하는 의사다. 그런 의사야말로 국민의 건강과 생명을 외면하고 제 밥그릇 지키기에 급급한 이기적이고 비겁한 의사일 것이다. 의료정책이 잘못됐는지조차 모르고 글래디에이터처럼 생존경쟁에 내몰리고 있다면 '더 나쁜' 의사일지도 모른다.

    지난해 여름 뜨거웠던 의사파업은 의사들이 패배했음에도 승자가 없는 전쟁이었다. 의사도 정부도 국민도 모두 패자였다. 사실과 진실에 접근조차 못했기 때문이다. 히포크라테스가 부활한다면 "파업은 짧고, 진실은 길다"는 명언을 남길지도 모른다. 수술 없는 봉합은 언제든 재발할 수 있다. 대한민국 의료정책은 많이 아프다. 집도의가 필요하고 수술대에 올리려면 국민의 동의가 필요하다. 우리가 『의사외전』을 쓴 이유다.

차례

추천사1 권성택(전국의대교수협의회 전임 회장) ● 5
추천사2 신상진(前 국회의원, 의사) ● 7
추천사3 안철수(국민의당 당대표, 의사) ● 10

프롤로그 히포크라테스 후예들의 '이유 있는' 항변 ● 13

의사는 노동자가 아니다?	15
'소명'을 볼모로 의사를 통제하는가	16
작든 크든 의사에게도 '밥그릇'은 생명이다	17
메스 한 자루 쥐고 콜로세움에 갇힌 글래디에이터	18
의료정책은 부동산정책과 닮은꼴	19
의사에게도 변호할 의사가 필요하다	21
패자만 있는 승자가 없는 전쟁…"파업은 짧고, 진실은 길다"	22

2020 의료파업 사건의 재구성 ● 29

의사파업의 추억	30
전공의 파업율 75%	32
비난의 화살	33
'대다난' 밥그릇	39
'공공재'라는 의사 사람	40
90년생이 온 줄 모르는 정부	43
치킨게임의 시작	48

총리도 가지고 놀았다?	50
섶을 지고 불 속으로	51
헛발질	57
"덕분이라며"… 무모한 챌린지	59
'전교1등' 의사의 '공정하다는 착각'	62
가짜뉴스와 현대판 음서제	65
대정부투쟁의 도구	69
의사를 대변하는 언론은 없다	71
검사도 개혁하는데 '의레기'쯤이야	73
대치동 8학군 교육의 결과?	77
교수들은 무엇을 했나	79
'가짜 솔로몬'이 씌운 '가짜 엄마' 누명	83
'의사 악당', 그리고 보복	85
정치가 갈등의 시작	90
의사고시를 한 해 거를 때 일어나는 일들	92
"요즘 의대생은 우리와 다르다"	93
'헬리콥터맘'에서 '국시선발대' 누명까지	96
"롤러코스터 한번 타봅시다"	101
어이없는 대리사과…삼전도의 굴욕?	102

대한민국에서 의사로 산다는 것 ● 111

의사 특권?	111
환자가 원해도 불법의료행위가 되는 나라	116
'사회주의의료'라는 영국 의사보다 자유가 없는 한국 의사들	120
요양기관강제지정…의료 왜곡의 근본 틀	122
전근대적 부역	124
건강보험수가 통제	128
복지부의 복지부동	131
강제 진료는 응급의료로 제한해야	133
민주주의 국가에선 의사도 파업할 권리가 있다	136
영국 의사 vs 한국 의사	140

공공의료라는 파랑새는 어디에? ● 145

팬데믹이 가르쳐 준 것들	145
죽어도 되는 사람들?…방역은 국격의 척도	147
코로나보다 치명적인 부실 공공의료	149
공공의료라는 파랑새는 어디에?	153
장사를 제대로 하게 했어야 장사꾼이라 욕을 하지요	156
공공의료의 젠트리피케이션	159
돈 계산 좀 해봅시다	161
의료전달체계를 망가뜨린 주범	163
괴물도시 서울, 의사의 밀도	166
자급자족·각자도생…슬기로운 의사생활	167
보건의료예산 10년째 제자리걸음	171
실종된 4조 목표	174
공공의료가 의사들 책임인가?	178
증세 없는 공공의료는 허구	179
보건복지부는 병원 경영자의 뒷배?	183
그래도 해법이 있다면?	185

공공병원이 산으로 간 까닭 ● 193

의료 자체가 '공공'	193
公의 반대말은 民이 아니라 私	194
공공병원 비중이 낮은 이유	196
전투 중에 지급한 실탄을 세고 있으니…	198
제주의료원이 한라산 꼭대기로 간 까닭	199
돈 안 되는 환자는 저기 저 병원으로 가세요	203
호텔인가, 병원인가	205
공공병원은 왜 적자일까?	209
정책입안자에게 의사는 도둑놈 아니면 기생충?	215
결국 문제는 정치	220
제주에서 날아온 편지	223

검은 계산…의료가 정치를 만났을 때 ● 227

뇌관 227
정치인들의 꽃놀이판 231
당선의 조건, 지역의대 신설 234
먹튀 정치인과 의료 흑역사 238
브라질에서 온 편지 241

정치인은 말하지 않는 대한민국 의료 ● 247

OECD 국가간 의사 수 비교, 그 무의미함 247
기피과의 문제, 기승전 '수가'? 253
법을 위반하고 만든 법 257

자본, 의료를 만나다 ● 261

하얀 정글…의료가 자본주의를 만났을 때 ● 267

시장에 내맡겨진 의료제도의 한계 267
월급의 10배를 벌어라 269
병원과 보험자본의 담합 272
젊은 의사들이 분노한 이유 273
'연봉 5억' 지방의료원의 비밀 275
차라리 국시 거부를 허하라 277
의료의 본질로 돌아가자 279
좋은 의사 찾는 법 282

에필로그 - 1년 후 ● 285

2020 의료파업 사건의 재구성

김현아(한림대 의대 교수)

    2020년 8월 장마. 코로나19로 어둡고 힘든 시기 대한민국의 전공의들이 전면 파업에 돌입했다. 사회 전반에 충격이 컸다. 그렇지 않아도 의료 붕괴가 우려되는 팬데믹 상황에서 젊은 의사들이 필수진료에 해당하는 응급실과 중환자실에서까지 철수를 선언했기 때문이다. 2020년 8월 7일 하루짜리 파업에 이어 이들은 정부의 무성의를 이유로 21일 무기한 전면 파업에 돌입했다. 하루하루 코로나환자 발생이 늘어나는 상황에서 국민과 정부는 패닉에 빠졌다.

    사태는 9월 4일 최대집 의사협회장과 한정애 더불어민주당 정책위원장의 합의문 작성으로 봉합됐지만 전공의들은 합의안 내용에 극렬히 반발했다. 그 와중에 졸업을 앞둔 의과대학 본과 4학년들의 의사국가고시(국시) 거부가 진행됐다. 국시 거부는 파업이 종료된 후에도 지속됐고, 파업보다 더 큰 혼란과 의료대란 우려를 낳았다. 12월 31일 보건복지부에서 재응시를 공고하면서 국시 거부 사태도 가까스로 일단락됐다.

수많은 논란이 있었다. 의사들은 2000년 의약분업 반대 파업에 이어 20년 만에 두 번째로 큰 파업을 감행했지만 파업의 후폭풍과 영향은 의사들에게 유리하지 않았다. 원색적인 비난과 보복성 입법과 청와대 청원들이 의사들을 공격했다. 가뜩이나 심각했던 의료계 불신의 문제는 끝을 모르고 악화됐다. 2020년 의료파업의 전개와 이에 대한 각계 반응을 정리하면서 의료정책의 문제가 좀 더 건설적인 방향으로 귀결되기 위해 무엇을 할지 고민해야 한다.

의사파업의 추억

우리나라 의사들이 처음 전면 파업을 감행한 것은 2000년 의약분업 시행 때였다. 개원의들의 대규모 파업과 함께 전공의와 의과대학 교수들까지 파업에 참여했다. 의사가 모두 할 수 있었던 약 처방과 판매를 분리해 처방은 의사가 약 판매는 약사가 전담한다는 내용과 그러한 정책의 입안 과정이 약사들에게 유리하게 진행됐다는 생각까지 덧붙여져 의사·정부의 대립을 넘어 의사·약사 간 첨예한 싸움으로 번졌다.

특히 개원의들의 반발이 심했는데 이처럼 개원의들이 반발한 데에는 약을 판매해 얻는 이권이 포함돼 있었기 때문이다. 당시에는 의사들이 제약회사로 부터 받은 리베이트로 직원들의 인건비를 충당하는 파행이 적지 않게 벌어지고 있었다. 물론 이런 현실을 정부에서도 다 알고 있었지만 정상적인 의료수가를 책정하는 대신 '너희 수입은 수단 방법 가리지 말고 알아서 챙기라'는 분위기가 암묵적으로 오랫동안 지속된 관행이었다. 결국 밥그릇을 놓고 의사와 약사들이 싸우는 상황이 됐는데 욕은 파업을 감행한 의사들이 더 많이 먹었다. 표면적으로 보이는 것이 전부는 물론 아니었다. 그래서 실제로 약의 직접 판매와는 관계가 없는 전공의들이나 대학교수들도 의약분업에 격렬히 반발했는데 결국 이 사태는 우리나라 의료정책 수립 과정에서 오랫동안 의사들이 소외돼 온 것에 대한 울분이 표출된 것에 가까웠다.

결국 정부는 의료수가 인상이라는 당근을 제공하고 사태를 종결했지만 이때 인상된 진찰료는 얼마 지나지 않아 다시 깎아 버렸고, 이 사태는 의사들이 정부를, 특히 민주당 정부를 불신하는 결과로 이어졌다.

2000년의 의약분업 반대 파업 정도의 규모는 아니었지만 의사들의 파업은 2014년에도 있었다. 이때의 이슈는 의사와 환자 사이에서 비대면 방식으로 이뤄지는 의료행위, 즉 '원격의료'를 합법화하는 것이었다. 무의촌이나 오지에서도 진료를 받을 수 있게 한다는 정부의 취지는 당시 집권세력의 의료산업화와 의료자본가로 입지를 굳힌 대형병원들의 '동네의원 죽이기'를 가속화시키는 배경으로 생각돼 불신을 받았다. 2000년 파업 당시에 파업에 참여하는 의사들을 비판한 인도주의실천의사협의회(인의협)마저 2014년에는 의사들의 파업을 지지했다. 원격의료는 수면 밑으로 내려갔으나 관련 산업의 이해타산에 따라 언제든지 부상할 가능성이 있는 미봉책으로 남았다.

전공의 파업율 75%

두 번의 파업에서 의사들과 정부 사이의 불신의 골은 깊어갔고 대한의사협회(의협)는 점점 더 극단적인 입장을 취하는 인사들로 채워졌다. 그러는 가운데 2020년 4월 21대 국회의원선거에서 압승한 더불어민주당은 5월부터 공공의대 설립과 의대 정원 확대 논의를 시작했고 7월 23일 지역의료 격차 해소를 위한 「의대 정원 한시적 증원 방안」을 발표했다. 의과대학 정원 3,058명을 2022학년도부터 매년 최대 400명씩 10년간 더 뽑아 총 4,000명의 의사를 증원한다는 게 골자였다.

의협은 즉각 "반 년째 지속되고 있는 코로나19 비상사태에서 위험을 무릅쓰고 책무를 다하는 의사들 등에 비수를 꽂는 포퓰리즘 정책"이라고 반발했다. 의협은 공공의대 설립과 의대 정원 확대 정책을 한방 첩약 급여화, 원격의료 추진과 함께 '4대악'으로 규정하고 전면 파업을 불사할 것을 선언했다. 어느 정도 예측한 의협의 반발 수위를 훨씬 넘어선 것은 젊은 의사, 전공의들이었다. 그들은 매일같이 성명문을 내 전면 파업을 불사하겠다는 뜻을 밝혔다.

2020년 의사파업은 이전 파업들과는 달리 파업의 주 동력이 개원의가 아닌 전공의들이었다. 개원의의 참여율은 10%를 넘지 않았고 대학병원 교수들도 자리를 비운 전공의들을 대신해 진료를 계속했다. 반면에 전공의들의 파업율은 75%를 웃돌았는데, 이들이 장차 우리나라 의료를 책임질 주체라는 점에서 어두운 전망을 드리웠다.

비난의 화살

의사 증원 정책이 발표된 직후 대한병원협회(병협)는 정부의 의사 증원 정책에 찬성 입장을 밝힘으로써 불에 기름을 부었다. 오랜 시간 의협에 비해 상대적으로 잇속을 챙기는 데 능했고 의사들의 사용자 노릇을 해 온 병협의 찬성은 젊은 의사들에게 "싼 값으로 부려먹을 의사를 무제한 만들어 달라"는 파렴치한 행보로 비춰지면서 격한 비난을 받았다. 이 혼란 속에 병협 집행부 일부가 자진 사퇴하고 병협 내 대한사립대학병원협회는 "의료계 각 직역과 충분한 의견수렴 절차도 없이 조건 없는 찬성 입장을 밝힌 병협은 깊이 반성하라"고 밝혀 내홍이 가중됐다.

이와 같은 일이 진행되는 동안에 전공의 노조가 선출한 박지현 대한전공의협의회장(대전협)은 결의문을 통해 "전공의 수련제도 개선은 물론 정부의 잘못된 정책, 병원의 만행에 맞서 나갈 것"이라 다짐했다.

다급해진 정부는 박능후 보건복지부 장관을 내세워 전공의 대표들을 만나지만 그간의 의료정책에서 정부의 입장은 항상 '답정너'였기 때문에 이들을 설득하는 것은 애당초 불가능했다. 전공의들은 SNS에 '보건복지부 어록'을 만들며 진정성 없는 관계자들을 조롱했다. 이제까지 상대했던 의사들과는 근본적으로 다른 90년대 생 의사들의 모습이었다. 아마도 보건복지부 관계자들은 젊은 의사들을 상대하기 전, 문재인 대통령이 공무원들에게 선물했다는 임홍택의 《90년생이 온다》정도도 읽지 않았던 것 같다.

안녕하세요. 대한전공의협의회 회장 박지현입니다.

코로나19 사태가 장기화되며 일상이 되어버리고 우리 전공의는 점차 지치고 있습니다. 그 와중에 정부는 '의료진 덕분에'라는 문구가 악랄한 기만처럼 느껴질 정도로 의료계와 대화를 단절한 채 온갖 정책을 내세우고 있습니다.

대한전공의협의회는
지난 5월, 보도자료와 성명서를 통해 현안에 대한 분명히 의견을 전달했고
지난 6월, 공식적인 입장문과 대회원 서신을 통해 이 문제에 대해 대한전공의협의회가 심각하게 인지하고 있음을 알렸습니다.

또 여야 및 국회 상임위원회를 가리지 않고 의원실을 방문해 현안에 대한 전공의와 의대생의 입장을 전달했습니다. 노무사와 변호사 자문회의를 통해 전공의 회원을 보호하며 단체행동을 할 수 있는 방법에 대한 법률적 장치를 마련하고자 노력했습니다.

지난 7월 20일 보건복지부 국장 간담회에서는 의료자원정책과에서 관할하는 의대 정원 확대에 관해 강력한 반대 의견을 전달했습니다. 연이어 단체행동의 기틀을 마련하고자 온라인 노조 총회를 개최해 7월 24일 제가 노조위원장으로 나서는 등 노조 임원 교체도 완료했습니다.

재난 상황에서, 목숨을 부지하기 위해 반대편으로 몸을 피하는 사람이 있고 그 재난의 현장으로 달려가는 사람이 있습니다. 우리 전공의는 언제나 그 위험을 무릅쓰고 환자를 위해, 국민을 위해 현장으로 달려갔습니다.

그러나 그 위험의 대가는, 실망스러운 정책으로 우리 앞에 다가왔습니다.
코로나19 상황에서 의사 수가 부족해 당장 급하게 의대 정원을 늘려야 한다고 이야기합니다. 하지만 그 수는 어디서 나온 것이며, 그 방법은 과연 타당한 것입니까? 그리고 과연 그 정책은 현장의 목소리를 반영한 것입니까?

우린 이미 알고 있습니다. 일련의 잘못된 정책이 우리의 의료 현장을 위태롭게 만들었고 지속적으로 우리의 삶과 환자의 건강을 저울질하게 했습니다. 기피과라는 창피한 이름표가 붙여진 채로 전공의들은 최소한의 법적 보호도 받지 못한 채 병원에서 외면당했습니다. 공공병원은 전공의를 방치하고 수련의 질을 관리하지 않으며 결과의 공공성만 강조할 뿐 이에 이르기 위한 과정을 만들어내는 데에는 어떠한 노력도 기울이지 않았습니다. 그리고 병원에서 매일 마주치는 우리의 처참한 현실은 대한민국 의료 현실이 되었습니다.

박지현 대한전공의협의회장(대전협) 결의문(2020년7월 27일)
(출처 : 대한전공의협의회 facebook)

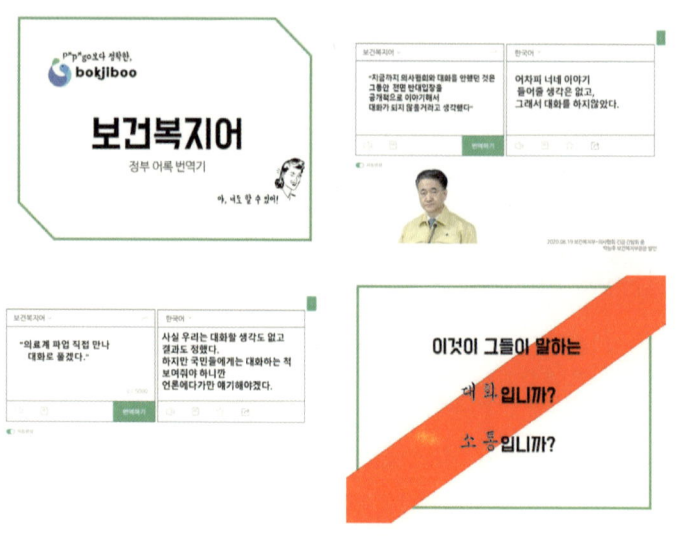

(출처 : 대한전공의협의회 facebook)

보건복지부 관계자들은 이후 계속 악수를 두면서 상황을 악화시켰다. 예고된 1차 파업일 3일 전인 2020년 8월 4일 보건복지부는 전국 수련병원에 '전공의 복무 관리·감독 철저 및 복무 현황 자료 제출 요청'이라는 제목의 공문을 발송했다. 이는 대한전공의협의회가 대한의사협회 총파업에 참여하겠다는 의사들의 단체행동 성명에 대해 "수련병원에서는 환자 진료에 차질이 발생하지 않도록 전공의 복무 관리·감독에 철저를 기해 달라"고 요청하는 것이었다.

전공의들은 물론 대학병원 교수들은 즉각 반발했다. 특히,

공무원의 본분을 지켜 파업 참여 전공의들을 징계하겠다고 엄포해 공문대로 시행하려 했던 서울대병원은 의사들로부터 비난의 화살을 맞았다. 김중엽 서울대병원 전공의협의회 대표는 1인시위에 나서면서 병원 측으로부터 '인턴 90명 등 전공의 파업 참여를 불가한다'는 공지를 받은 상태에서도 파업에 참가하는 소회를 밝혔다.

"교수님들도 직접적으로 말씀하지 못해도 전공의들을 전폭적으로 지지하고 있다. 학교 밖에 계신 선배들도 마찬가지다. 병원 입장은 충분히 이해하지만 우리도 개인의 양심과 판단에 따라 단체행동을 진행하는 것이고, 불이익을 달게 받겠다는 의견이 대부분이다."

의대 교수들은 "서울대병원이 리더의 지위를 포기했다", "젊은 후배들을 도와주지는 못할망정 위협을 하다니…" 하며 분개했다. 서울아산병원 관계자는 "병원 전체적으로 진료나 수술 일정을 연기해서 업무를 10% 정도 줄여 큰 혼란은 없었다"며 "내부적으로 단체행동 참여를 저지하거나 반대하는 움직임은 없었고, 교수들도 전공의들에게 대부분 잘 다녀오라는 분위기였다"고 말해 서울대병원과는 대조적인 분위기를 보였다.

2020년 8월 5일 전국의과대학교수협의회가
의과대학 교수들에 보낸 성명서

『무엇보다 제자들이 파업에 이르는 사태에 직면하게 돼 안타까움을 금할 수 없습니다. 코로나 사태에 고군분투하는 의료인을 기만해 편향된 통계로 국민을 호도하고, 의사의 질적 수준을 추락시키고 국민 건강에 백해무익할 부실의대신설 등을 추진하는 현 정부의 어처구니 없는 정책을 막지 못하고 있는 무기력한 스승으로서 분노와 함께 제자들에게 미안한 마음에 절로 고개를 떨굴 수밖에 없게 됐습니다.

만약 현재와 같이 협의의 기회조차 박탈한 상태로 정부가 계속해 질주한다면 단기적으로나 장기적으로 어떠한 상황이 벌어질지 심히 걱정됩니다. 기초과학의 존립마저 흔들었던 의전원제도의 실패가 아직 남아있는데도 전문가들의 의견을 무시한 채로 마치 폭주하는 기관차처럼 의료법을 개정하면서까지 추진하려는 정부는 독주를 멈추고 이제라도 공공의료를 포함한 국민건강 보건의료발전계획을 의료계와 함께 논의해야 할 것입니다.

전공의 파업과 학생의 휴업의 옳고 그름을 떠나 현재의 상황은 이미 시한이 정해져 버렸습니다. 다만 우리가 할 수 있는 게 현재로는 거의 없어 미안하고 답답한 마음뿐입니다. 무언가를 해보기에는 상황이 너무나도 비관적이라는 견해도 많지만 우리가 제자들을 조금이라도 아낀다면 최소한 그들의 의사결정과 행동에 부정적인 영향을 주어서는 안 될 것입니다. 물론 그들의 부담을 최소화할 방법의 선택은 교수 개개인의 가치관에 따라 차이가 있겠지만 선생님으로서 제자들의 자긍심을 최대한 지켜주시리라 믿습니다.』

'대다난' 밥그릇

여론을 돌리려는 전공의들의 노력도 치열했다. 예고한 대로 2020년 8월 7일 1만 3,300명의 전공의·의대생이 단체행동에 돌입했다. 다양한 대국민 호소문을 발표하고 코로나19로 인한 혈액 수급난을 고려해 헌혈 릴레이까지 진행했다. 서울·경기·인천지역 의사들의 집결지인 여의대로에는 비가 오는 가운데도 많은 인원이 모였고, 전공의 수천 명이 자리를 못 찾고 돌아가는 일도 있었다.

그러나 여론은 싸늘했다. 〈오마이뉴스〉 의뢰로 리얼미터가 2020년 7월 28일 전국 성인남녀 500명을 대상으로 여론조사(표본오차는 95% 신뢰수준에 ±4.4%포인트)를 진행한 결과, 응답자의 58.2%가 공공의료 인력 확충이나 지역의사 양성 등의 이유로 의대 정원 확대에 찬성한다고 답했다. 이런 사안에 대해서 논의가 충분하지 않았고 의료계의 경쟁이 과열될 수 있어 반대한다는 응답은 24.0%였다.

응답자 중 얼마나 많은 사람이 의사 수를 증원하는 것이 공공의료의 확보에 어떤 영향을 미치는지를 제대로 이해했거나, 실제로 '의료 소외'라는 문제를 경험하고 이 설문에 답했는지는 알 수 없지만, 언제나 작동했던 '배부른 의사들의 밥그릇 지키기'라는 비난은 이번에도 어김없이 이어졌다. 각종 포털사이트에는 의사 전체를 싸잡아 비난하는 형형색색의 욕설이 난무했다. 6개월 가까이 코로나19로 인한 경제적 불안감이 퍼진 가운데 밥그릇이 보장된 대표 전문직에 대한 분노도 분명 포함됐을 것이다. 페이스북에는 2020년 8월 6일 대한전공의협의회 집회의 방역 수칙 공지문에 이런 댓글도 달렸다.

"전 세계가 코로나로 아우성인데 유일하게 의료진이 총파업하는 위대한 나라의 집단이기주의의 핵심. 국민의 권익보다 내 밥그릇이 우선이라는 고소득 전문직들의 특권의식, 참 대다나다(대단하다)!"

'공공재'라는 의사 사람

8월 7일의 1차 집회가 그렇게 큰 규모로 진행될 줄은 정부는 물론 의대 교수들조차 예측하지 못했다. 젊은 의사들의 위기감이 그만큼 컸음을 심각하게 받아들였어야 했는데 문제의 본질을 파악하려는 노력 없는 정부의 대응은 사태를 점점 악화시켰다.

8월 10일 보건복지부 김헌주 보건의료정책관(현 건강보험정책국장)은 전문기자협의회 모임에서 공공의대 신설과 의대 정원 확대 정책의 당위성을 설명하면서 '의사는 다른 어느 인력보다 공공재'라고 했다. 김 정책관이 사견임을 전제로 했는데도 발언 내용이 전후 맥락 없이 한 토막으로 보도되면서 젊은 의사들은 더욱 흥분했다.

가뜩이나 갈등의 근원이 된 정책이 '공장을 지어 원하는 대로 물건을 만들어 내듯이 의사도 정부가 마구 만들어 낼 수 있다고 생각하기 때문'이라고 의심하는 판국에 김 정책관의 발언은 불길에 기름을 부은 격이었다. 이 발언이 어떤 맥락에서 이루어진 것인지는 전체 대화록이 공개되지 않아 확인할 수 없으나 토씨 하나를 조심해야 하는 상황에서 부적절했음은 틀림없다.

9월 2일 국회 운영위원회 회의에서 더불어민주당 신현영 의원은 김상조 청와대 정책실장에게 "정부와 의료계가 힘을 모아야 할 시기에 복지부 간부가 '의사는 다른 어떤 직업보다 공공재라고 생각한다'고 발언해 논란이 있다"며 갈등 상황을 악화시킨 발언에 대한 청와대 입장에 대해 질의했다. 김 실장은 "공공성과 공공재를 혼동한 것 같다"고 하면서 넘어갔다. 한 술 더 떠 "공공성이 높은 재화와 용역은 많지만 (이런 것들이) 모두 시장 밖에서 공급해야 한다는 취지는 아닐 것"이라며 "방송과 통신 등도 공공성이 높은 분야지만 국영이 아니다. 의료진의 서비스는 매우 공공성이 높지만 시장에서 여러 가지 인센티브 구조 하에서 이뤄지는 전문직의 역할도 인정돼야 한다"고 덧붙여 정부가 문제의 핵심이었던 의료 공공성에 책임질 의향이 애당초 없음을 드러냈다. 의료 공공성을 확보하기 위해서는 의료 시스템 확충을 위한 정부의 정책과 재원 마련이 우선인데 그런 대명제는 무시하고 시장 논리로 의사 수만 늘리고 보겠다는 시각을 그대로 반영하는 답변이었다.

　의사들은 "(의사가 아닌) 의료가 공공재"라면서 의사 양성 교육과 수련, 의사면허 취득 후 개업과 취업, 의료 행위 과정에서 발생할 수 있는 비용 문제는 모조리 개인에게 떠넘기고 수수방관하는 정부에 분노했다. 공공재는 다양한 패러디로 변주됐다. 조승현 의과대학학생협회 회장은 '예비 공공재 회원 여러분…'으로 시작하는 대 회원 서신을 통해 '국시 거부 협의체 구성과 집단휴학 현황 파악에 나서겠다'고 밝혔고, 의사들끼리 '최 공공', '김 공공' 등으로 부르며 인사하는가 하면, '공공재 함부로 발로 차지 마라. 너는 누구에게 한 번이라도 진실된 사람이었느냐?', '공공재 함부로 차지 마라. 너는 누구에게 한 번이라도 호구가 돼 본 적 없었나?'라는 글이 SNS상에 범람했다.

90년생이 온 줄 모르는 정부

2020년 8월 14일 의협은 의사 총파업을 선언하고 개원의, 봉직의까지 모두 파업에 참여할 것을 촉구했다. 8월 15일 광복절 집회가 감염병 수칙을 어기는 행위라는 사회적 지탄을 받는 상황에서 여론을 등지고 할 수밖에 없는 파업이었다. 정세균 국무총리는 광복절 집회 금지와 함께 의협이 발표한 의사 총파업 집회도 금지한다고 지시했으나 행정 조치는 취하지 않았다.

뚜껑을 열고 보니 집회 참여의 90% 이상은 전공의와 의대생이었고 개원의가 휴진하고 참여한 경우는 전체 참여자의 33%였다. 한국사회에서 의사라는 집단이 기본적으로 자영업자이고 파업에 참여하는 것이 쉽지 않음을 감안하면 사회적으로 의사 표명은 할 정도의 참여율은 됐지만 전공의들은 선배 의사들의 참여율이 높지 않은 데 실망했다. 이후 의사협회와 전공의·의대생 사이의 엇박자는 심화되기 시작했다.

8월 14일 의사 총파업에 즈음하여

『전국의과대학교수협의회는 특정 의료 분야 10년 근무를 조건으로 한 의대 정원 증가안과 최소한의 의과대학설립기준을 파기하여 부실의대를 만드려는 공공의대 설립안에 반대하며, 전공의들이 진행하는 파업과 의과대학생의 수업 거부에 대하여 안타까운 마음이지만 지지하는 입장을 표시합니다.

　코로나 사태에 고군분투하는 의료인을 기만하여 편향된 통계로 국민을 호도하고, 의사의 질적 수준을 추락시키는 장기적으로 국민 건강에 백해무익한 부실 의대 신설 등을 추진하는 현 정부의 정책에 분노합니다. 만약 현재와 같이 지속적으로 협의의 기회조차 박탈한 상태로 정부가 질주하게 되면 단기적으로나 장기적으로 어떠한 상황이 벌어질지 심히 걱정됩니다. 2000년 의사 총파업의 원인이 되었던, 의약 분업에 대하여 아직도 정부는 잘못을 인정하지 않고 있습니다. 기초과학의 존립마저 흔들었던 의전원 제도의 실패가 아직 남아있습니다. 기초의학자 양성이라는 미명아래 정부에서 현실을 무시하고 추진한 8년제 의대 교육의 실패, 지역 국회의원의 공약으로 급조된 부실 의대인 서남의대 폐교 등 정책 실패로 인한 물적 정신적 손실은 누가 책임집니까?

　정부는 전문가들의 의견을 무시한 채로 마치 폭주하는 기관차처럼 의료법을 개정하면서까지 새 정책을 추진하려고 합니다. 정부는 독주를 그만 멈추고 이제라도 공공의료를 포함한 국민건강 보건의료 발전계획을 의료계와 함께 논의해야 할 것입니다. 대한의사협회 역시 정부와 국민들을 위하여 어떠한 결론이 가장 타당한지 고민하여 주십시오. 이미 모든 계획들이 정해졌는지 모르지만, 마지막까지 최선을 다하여 주시고, 파업이라는 극단적 상황을 피할 수 있도록 노력해 주시기 바랍니다.

　전국의과대학교수협의회는 제자들의 행동을 지지하며, 파업의 추이를 지켜보고자 합니다. 정부와 의료계 단체, 구성원간의 폭넓은 대화가 재개되기를 바랍니다.

전국의과대학 교수협의회 대표

　서울대학교 의과대학 권성택, 연세대학교 의과대학 신동천, 고려대학교 의과대학 이정구, 연세대학교 원주의과대학 김석원, 경북대학교 의과대학 김상걸, 박성식, 영남대학교 의과대학 신동훈, 한림대학교 의과대학 박대균, 김현아, 충남대학교 의과대학 권계철, 울산대학교 의과대학 김장한, 이호승, 원광대학교 의과대학 박원철, 가톨릭대학교 의과대학 이광수, 아주대학교 의과대학 이은소, 순천향대학교 의과대학 박성규, 건국대학교 의과대학 이태윤, 경희대학교 의과대학 김우식, 동아대학교 의과대학 한명석, 을지대학교 의과대학 이창화, 인제대학교 의과대학 김대경, 인하대학교 의과대학 김창환, 이화여자대학교 의과대학 박영미, 전남대학교 의과대학 주영은, 전북대학교 의과대학 김상욱, 조선대학교 의과대학 신성희, 중앙대학교 의과대학 도재혁, 차의과학대학교 의과대학 하두회, 충북대학교 의과대학 박우윤, 한양대학교 의과대학 박시복. 동국대학교 의과대학 박석원, 부산대학교 의과대학 김창원.』

8월 15일 대한전공의협의회는 추후 단체행동에 대한 설문조사를 실시했다. 인턴의 79.9%가 레지던트선발시험 거부, 전공의 86.8%가 유급을 불사한 강경 대응 및 전문의자격시험 거부 의사를 표명했다. 코로나사태는 8월 12일 일일확진자 수가 56명에서 8월 16일 197명, 8월 18일 297명으로 심상치 않은 조짐을 보이고 있었다. 의료대란의 암울한 구름이 드리운 가운데 병원을 지키고 있는 교수들도 불안한 하루하루를 보내고 있었다.

8월 19일 의협과 정부의 긴급간담회가 성사되고 간신히 사태 해결의 실마리가 잡히기를 희망했지만 보건복지부 공무원들은 여전히 도움이 되지 않았다. 이번에는 회의에 참석한 보건복지부 중앙사고수습본부 전략기획반장 손영래 대변인의 발언이 도마에 올랐다. 박지현 전공의협의회장은 자신의 페이스북에 당시 회의 분위기를 다음과 같이 전했다.

"손영래 복지부 대변인(의사)은 본인이 요즘 코로나 때문에 2시간밖에 못 자서 힘들다고 생색을 냈고, 전공의 앞에서 그런 소리를 할 수 있는 것인지 반박하려 했으나 유치해 관뒀습니다. 손 대변인은 본인이 참을 인(忍)자 세 번 쓰고 나왔다면서 의약분업 때도 5·6차 때나 필수의료를 뺐는데 전공의들이 처음부터 그렇게 행동하는 것이 어이가 없었다고 이야기했습니다.

그래서 저희 세대를 잘 모르셔서 그렇게 말씀하시는 것 같은데, 지금은 2020년이고 저희 세대는 그런 식의 과거 이야기로 훈계가 통하는 세대가 아니라고 답했습니다. 국민에 대한 기대가 있는데 이 시국에 단체행동이라니, 하는 분위기로 몰아가기에 필수의료, 즉 기피과를 선택한 전공의들이 그걸 버리고 사직서를 쓰고 나올 각오로 단체행동 하고 있으니 분위기 파악을 했으면 좋겠다고 이야기했습니다.

손 대변인은 코로나19가 얼마나 심각한지 전공의들이 잘 모르는 것 같다고 이야기해 살짝 흥분해 6종 (방호복) 입고 코로나 의심되는 복막염 환자 수술해봤냐고 나는 당직 때 그렇게 하고 있고 코도 세 번이나 찔렸다고. 전공의들을 피교육자, 피교육자라고 하면서 잘 모른다고 가르치려고 드는데 환자 곁에서 가장 잘 아는 전문가는 전공의들이라고 반박했습니다"

손 반장도《90년생이 온다》를 안 읽어본 것 같다. 당시 전공의들의 분위기는 이미 그들의 명운을 쥐고 있는 담당교수들도 어찌 해볼 수 없을 정도로 격앙돼 있었다. 손 반장이 파업을 중단시키고 사태를 해결하고 싶었다면 결코 보여서는 안 되는 태도를 보인 것이지만 그동안 의사협회의 대정부 대응 수준을 생각하고 과거에 통해 왔던 방식으로 임한 것이니 만큼 어쩔 수 없었을 것이다.

손 대변인은 뒤늦게 훈계를 한 것이 아니라고 부인하면서 "훈계란 친분이 있는 사적 모임에서 나타나는 것이지만 전공의 협의회 대표와 일면식도 없다"며 "공적인 협의과정에서 집단행동에 대한 문제, 정부의 문제 제기를 훈계로 인식하는 것은 부적절하며 책임 있는 협의자세가 아니다"라고 말했다. 그러나 이미 협상 대상자인 전공의들 사이에서는 복지부 공무원의 방식은 전형적인 꼰대들의 "라떼 이즈 어 호스~"라는 조롱이 일파만파 번진 후였다. 결국 전공의들은 8월 21일을 기해 무기한 업무 중단에 돌입하기로 결정했다. 이들이 요구한 것은 간단했다.

"(의사 증원) 정책 철회 후 전면·원점 재검토"

정치판에서 철회는 정치인의 사망선고나 마찬가지라는 것을 그들은 몰랐다. 그들에게는 중요하지도 않았다. 결국 사태는 건널 수 없는 강을 건너고 말았다.

치킨게임의 시작

8월 21일, 전공의 최고년차인 4년차와 인턴부터 업무 중단에 돌입했다. 22일에는 3년차, 23일에는 병원의 동력인 1·2년차를 포함한 전체 전공의의 업무 중단을 계획했다. 급해진 정부는 의료계 원로들과 국무총리의 면담을 추진했고, 그 자리에서 정세균 총리는 어떤 강성 노조보다 강경한 전공의들의 파업 의지에 당혹감을 감추지 못했다. 정부는 '코로나19 상황이 안정된 후 의료계와 논의'라는 내용을 제시했지만 전공의들은 정부가 언제든 뒤집을 수 있는 말이라며 뜻을 굽히지 않았다. 이는 8월 20일 전공의 대표와 보건복지부 관계자의 비공개 협상에서 전공의들이 요구하는 '공공의료정책 철회 후 전면·원점 재논의'를 절대 받아들일 수 없다는 정부의 입장을 전공의 대표들이 확인한 후에 나온 일이었다.

이런 정부에 대한 불신과 반감이 최고조에 달한 시기에 남원시장이 공무원들을 동원해 '국민권익위원회 설문조사에서 의대 증원과 공공의대 설립에 찬성투표를 하라'는 명령을 하달한 것이 알려지면서 전공의와 정부가 협상을 할 만한 분위기도 되지 못했다. 전공의들이 '의료계 원로의 말' 따위는 듣지 않는 상황이 된 것을 총리도 모르고 있었던 것이다.

2020년 8월 21일 코로나19 신규 확진자 수가 300명을 넘어서면서 최고치를 경신하는 급박한 상황이 되자 결국 정부는 형사처벌로 이어질 수 있는 '업무개시명령' 카드를 만지작거렸고, 갈등은 다른 국면으로 치닫게 된다. 의료법에서 『업무개시명령은 환자 진료에 막대한 지장을 초래하거나 초래할 우려가 있다고 인정할 만한 상당한 이유가 있을 때 내릴 수 있다』고 명시돼 있는데도 정부가 선뜻 이 명령을 내리지 못한 것은 치킨게임처럼 치닫는 상황이 더 큰 파국으로 진행되는 것을 우려했기 때문이었을 것이다. 전공의들은 업무개시명령이 내려지는 것에 대비해 사직서를 제출한 상황이었지만 병원 측에서 사직서를 수리하지 않는 이상 의료법 위반이라는 처벌은 피할 수 없었다.

총리도 가지고 놀았다?

이에 일부 병원의 전공의들은 병원에 사직서를 빨리 수리해 달라고 요구하는 초강경 자세를 보이기도 했다. 협상은 더 이상 의미가 없어 보였고 양측 모두 목적을 상실한 채 폭주기관차처럼 파국으로 치닫고 있었다. 정 총리는 8월 23일에 전공의 대표와의 만남을 제안한다. 전공의들은 단체행동을 하기 시작할 때부터 총리가 나서 줄 것을 요구했으나 '보건복지부 장관이 해결할 문제'라고 일축해 왔었다. 비로소 정부가 유연성을 보여 결국 다섯 명의 전공의 대표가 총리를 면담하기에 이르렀다. 압도적인 숫적 열세와 자유자재로 매스컴을 자기편으로 활용하는 정부의 힘 앞에서도 전공의들은 '원점 재논의'를 끈질기게 요구했다.

그렇지만 이 만남도 상황 타결에는 별 도움이 되지 못했다. 전공의들은 파업을 하면서도 코로나 환자의 진료를 지속하고 있었는데 언론에서는 이것을 마치 코로나 대응을 위해 전공의들이 파업을 접는 듯한 뉘앙스로 보도했다. 전공의들은 이런 상황을 '노회한 정치인의 업적 만들기'나 '공치사 코스프레'로 받아들이고 분노했다. 전공의 대표는 '정부가 자신들을 강압하거나 회유해 억지로 협상안을 끌어낸들 전공의 전체 회원들의 동의를 얻지 못하면 자신들은 불신임당하고 새로운 대표부가 들어와 파업이 지속될 것'임을 밝혔다.

전공의 대표와 총리가 만난 다음날, 대한전공의협의회가 "파업을 철회하지 않는다"는 입장을 밝히자, 정부 일각에서는 "전공의들이 총리도 가지고 놀았다"는 비난을 쏟아냈다. 이제 청와대가 나서야 하는 것이 아닌가 하던 8월 24일 문재인 대통령의 담화가 나왔다. 역시 도움이 되지 않는 방향으로…

섶을 지고 불 속으로

대통령은 수석보좌관회의 모두발언에서 "코로나 확산 저지에 국가적 역량을 모아야 할 상황에서 국민의 생명을 담보로 하는 집단행동은 결코 지지받을 수 없다. 정부 정책을 반대하거나 비판할 수 있지만 합법적인 선을 넘어서는 안 된다"며 "정부는 국민의 생명권을 보호하기 위해서라도 휴진·휴업 등 위법한 집단적 실력 행사에 대해서는 단호하게 대응할 수밖에 없다"고 말했다. 그러면서 "공공의료 확충은 우리 사회가 가야 할 방향이라는 데 의문의 여지가 없다는 데 의료인들도 공감할 것"이라며 "코로나 위기 극복에 우선 합심하고 상황이 안정된 후 대화로 해법을 찾자고 내민 정부의 손을 잡아 달라"고 덧붙였다.

8월 24일 저녁, 다시 의협과 보건복지부의 협상이 재개됐고 '철회·중단' 대 '보류·모든 가능성을 열어 두고 논의'의 지난한 밀땅이 지속됐다. 파업의 핵인 전공의들은 '철회·중단'이 아니면 무엇도 받아들일 수 없음을 굽히지 않았다. 그들은 '보류', '유보'라는 용어가 정책을 한 시간만 중단해도 성립하는 것이기 때문에 '철회나 중단'이라는 정확한 표현이 아니면 받아들일 수 없다는 비타협적 입장을 고수했다. 협상이 결렬된 후, 보건복지부 관계자들은 전공의들이 빠진 상황에서 다시 의협 관계자들을 만나 '철회·중단' 대신 '협의 기간 중 의대 정원 통보 등 일방적 정책 추진은 하지 않는다'는 내용을 넣어 잠정 합의안을 작성했다.

전공의협의회는 자신들이 배제된 상황에서 도출된 잠정 합의안에 강한 불만을 토로했다. 그리고 대표자 비상대책회의에서 이 안을 두고 토론한 결과, 정부가 정책을 철회할 생각이 없는 것으로 판단하고 잠정 합의안을 거부했다.

8월 26일, 의협이 예고한 대로 2차 전국의사 총파업이 시작되자 정부는 그동안 유보해 왔던 업무개시명령을 발동했다. 반면, 전공의들은 즉각 병원으로부터의 모든 연락을 12시간 동안 두절하는 '블랙아웃'에 돌입했다. 사태는 걷잡을 수 없는 상황으로 치달았고 병원 단위에서 미루어두었던 사직서 취합도 시작됐다. 기름에 불이 붓듯 전공의들의 단체 행동은 전임의로 이어졌다. 전임의는 의료 환경이 복잡해짐에 따라 이전에 전공의들이 하던 업무의 상당 부분을 짊어지고 있는 상급 종합병원의 또 다른 핵심 동력이었다. 이렇게 병원의 핵심 인력이 유출됨에 따라 결국 정상적인 병원 진료는 가능하지 않게 됐다.

서울대병원 내과는 8월 31일부터 1주일 동안 연기가 가능한 외래 진료와 시술 등을 축소하고 그 후에도 상황이 지속된다면 외래 진료를 중단하겠다는 입장을 발표한다. 이제는 교수들의 파업 순서로 넘어가는 상황이 돼 버렸다. 의과대학 교수들은 속속 성명서를 내고 정부의 일방적인 태도를 비판했다. 정부의 업무개시명령이 가져올 후폭풍의 소용돌이는 끝을 알 수 없는 상황이 돼 버렸다.

전국 전임의 성명

『저희는 대한민국의 전임의입니다. 전임의란 전문의를 취득하고 끝없는 배움의 길을 걷고자 대학병원에 남아 진료, 연구, 교육, 수련을 겸하며 일하는 의사를 뜻합니다. 그렇기에 저희는 정부와 일부 언론이 말하는 개인의 사리사욕을 채우고자 하는 의사가 아닙니다. 저희의 꿈은 오로지 몸과 마음이 아픈 환자분들을 돕고 국가의 의료 발전에 기여하는 것입니다. 그러나 그런 저희의 꿈이 무너질 위기에 처했기에 더 이상 두고 볼 수 없게 됐습니다.

국민 여러분! 정부의 이번 정책에는 처음부터 저희 의료계의 목소리가 전혀 반영되지 않았습니다. 그러나 정부는 마치 전문가의 의견을 수렴한 것처럼 근거 없는 정책을 밀어붙이려 합니다. 무너진 의료전달 체계가 개선되지 않은 채 진행되는 공공의대설립과 의과대학 정원확대는 의료의 질을 떨어뜨릴 것이 자명합니다. 정책이 잘못됐는데도 정부는 이제 와서 철회할 수 없다고만 합니다. 정말로 이것이 정부가 말하는 소통이고 논의입니까?

저희는 파업이 시작된 첫날부터 오늘까지 단 한 번도 코로나19 관련 진료를 포함한 필수 진료현장을 떠난 적이 없습니다. 그럼에도 정부는 마치 저희를 국민의 건강을 볼모로 불법시위를 저지르는 집단으로 매도하고 있습니다. 또한 정부는 저희 의사들이 협상을 하지 않으려 한 것처럼 호도합니다. 오히려 무분별한 업무개시명령을 통해 공권력을 남용하며 저희를 겁박하고 있습니다. 거짓은 결코 진실을 이길 수 없습니다.

이에 오늘 저희 전임의들은 선언합니다. 국민의 건강과 대한민국의 의료체계가 망가질 것이 불 보듯 뻔한 이번 정부의 정책추진에 대해 강력히 반대함을 결의하며 사직서를 제출합니다. 만일 정부가 저희뿐 아니라 후배 의학도들의 꿈마저 짓밟으려 한다면 저희는 결코 좌시하지 않을 것입니다. 현 사태로 인해 단 한 명이라도 부당한 처벌을 받게 된다면 더욱 더 뭉칠 것입니다.

저희의 단체행동으로 인해 불편을 겪고 계신 국민 여러분을 생각하면 지금이라도 의료 현장으로 복귀하고 싶은 마음입니다. 저희는 정부가 일방적이고 폭력적인 강요를 멈추고 모든 논의를 의료계와 함께 원점에서부터 다시 시작할 것임을 밝히는 즉시 복귀할 것입니다. 저희 역시 국민의 한 사람일 뿐입니다. 정부는 모든 국민을 위해 부디 서둘러 우리의 목소리에 귀 기울여 주시기 바랍니다.

2020년 8월 27일 전국 전임의 일동. 가천대 길병원, 가톨릭대 대전성모병원, 가톨릭대 부천성모병원, 가톨릭대 서울성모병원, 가톨릭대 성빈센트병원, 가톨릭대 여의도성모병원, 가톨릭대 은평성모병원, 가톨릭대 의정부성모병원, 가톨릭대 인천성모병원, 강남차병원, 강동경희대병원, 강동성심병원, 강릉아산병원, 강북삼성병원, 강원대병원, 건강보험 일산병원, 건국대 충주병원, 건양대병원, 경북대병원, 경상대병원, 경희대병원, 계명대 동산병원, 고려대 구로병원, 고려대 안산병원, 고려대 안암병원, 고신대병원, 국립경찰병원, 국립암센터, 국제성모병원, 노원을지대병원, 대구가톨릭대병원, 대구파티마병원, 대전선병원, 대전을지대병원, 동아대병원, 명지병원, 부산대병원, 분당차병원, 분당서울대병원, 분당제생병원, 삼성서울병원, 삼성창원병원, 서울대병원, 서울아산병원, 서울특별시보라매병원, 순천향대 부천병원, 순천향대 서울병원, 순천향대 천안병원, 아주대병원, 안양샘병원, 양산부산대병원, 연세대 강남세브란스병원, 연세대 신촌세브란스병원, 연세대 용인세브란스병원, 연세대 원주세브란스기독병원, 영남대병원, 울산대병원, 원광대 산본병원, 원광대병원, 원자력병원, 이대서울병원, 이화여대부속목동병원, 인제대 상계백병원, 인제대 일산백병원, 인제대 해운대백병원, 인하대병원, 전남대병원, 전북대병원, 조선대병원, 중앙보훈병원, 충남대병원, 충북대병원, 칠곡경북대병원, 한림대 강남성심병원, 한림대 동탄성심병원, 한림대 성심병원, 한림대 춘천성심병원, 한양대 구리병원, 한양대병원』

울산의대 서울아산병원 교수협의회 성명서

　울산의대 서울아산병원 교수협의회는 의대생과 젊은 의사들의 정당한 주장에 전적으로 동의하며 다음과 같이 결의한다.
　1. 오늘 이후로 필수 진료에만 임할 것임을 밝힌다.
　2. 의대생과 젊은 의사들에게 실질적 피해가 발생할 경우, 교수직을 내려놓을 것이다.
　3. 이러한 사태에 대한 모든 책임은 정부에 있음을 밝힌다.
2020. 9. 2. 울산의대 서울아산병원 교수협의회

파국을 피하기 위한 물밑작업도 치열하게 진행됐다. 교수들은 각자 친분이 있는 정치인들에게 파국을 피하고 상황을 마무리 짓기 위한 방법을 찾기 위해 나섰고 해결의 실마리가 국회에서 처음 논의되기 시작한다.

헛발질

집단행동에 돌입한 후 대한의사협회와 대한전공의협의회는 수많은 대국민 성명서와 홍보물을 만들고 파업의 정당성을 호소했다. 그러나 여론을 돌리는 데는 실패했다. 집단행동을 예고하던 당시 리얼미터의 여론조사에서 응답자의 58.2%가 공공의료 인력 확충, 지역의사 양성 등의 이유로 의대 정원 확대에 찬성한다고 답했던 여론은 의사들에게 호의적으로 바뀌지 않았다. 이미 '의료 공영성에 반대하는 집단이기주의'라는 프레임이 견고하게 형성돼 있었는데, 이것을 돌파하기 위한 의협의 전략이 없었기 때문이다.

9월 1일 〈오마이뉴스〉 의뢰로 리얼미터가 성인 1,000명을 대상으로 시행한 여론조사에서 의사파업에 대한 "비공감" 응답이 55.2%(전혀 공감하지 않음. 38.7%, 별로 공감하지 않음. 16.5%)로 절반 이상이었고, "공감" 응답은 38.6%(매우 공감 25.0%, 대체로 공감 13.6%), "잘 모름"은 6.2%로 집계됐다. 이는 집단행동 이

전의 여론 조사 결과와 별반 차이가 없는 것으로, 의사들의 집단행동에 대한 우호적인 여론 조성에 실패했음을 알 수 있었다. 그런데 이러한 여론 조사에 대한 답변은 응답자의 정치적 성향에 따라 달랐다. 대구·경북에서는 공감도에 큰 차이가 없었다(49.7% vs. 44.3%). 반면에 광주·호남에서는 '비공감' 응답이 '공감'의 두 배 이상이면서도 '잘 모름' 응답율이 높아 사안의 복잡성을 인정하는 경향을 보였다. 예상대로 진보층에서는 '비공감' 78.0% vs. '공감' 15.5%, 보수층에서는 '비공감' 39.6% vs. '공감' 58.9%로 정반대의 양상을 보였다. 그리고 중도층에서는 "비공감" 48.8% vs. "공감" 47.0%로 비등했다. 이처럼 복잡하고 전문적인 정책이 정치 성향에 따라 첨예하게 양분된다는 것이 좋은 현상은 아니다.

그리고 의료계 집단휴진에 대해 정부가 업무개시명령을 발동한 것을 두고 시행한 여론 조사에서도 결과는 동일하게 나타났다. 응답자의 51%가 정부의 강경 대응이 '적절한 조치'라고 생각하는 가운데 진보층에서는 '적절한 결정'이라는 응답이 76%, '일방적 결정'이라는 응답이 20%로 나타났다. 그러나 보수층에서는 '적절한 결정'이 35.5%, '일방적 결정'이 55.8%로 나타나 첨예한 차이를 보였다. 그런데 정부의 대응이 "적절하지 않은 조치"였다는 응답율이 42%나 된 것은 정부의 강경 대응에 동의하지 않는 의견도 적지 않음을 반영하는 것이었다.

흥미롭게도 파업의 주축이 됐던 전공의들과 동 세대인 20대에서는 '적절한 결정'이 39.7%, '일방적 결정'이 58%로 정부의 강경 대응에 반대하는 의견이 더 많았다. 이는 비민주적이고 일방적인 의사 결정 방식이 더 이상 미래 세대에게는 통하기 어려울 것이라는 것을 시사하는 것이었다.

의료계는 이런 여론 조사의 향방을 면밀히 살피고 어떻게 하면 대의를 관철시킬 것인지를 일반 국민과 소통했어야 하는데 의협은 그럴 능력이 없었다. 하물며 의협이 사회 변화 방향에 역행하는 시대착오적 메시지를 남발하고 헛발질을 거듭하는 가운데 여론을 돌리기는커녕 비난의 십자포화를 받고 말았다.

"덕분이라며"… 무모한 챌린지

집단행동 예고 후 전공의들은 코로나19와 싸우는 의료진을 격려하기 위해 정부가 시작한 '덕분에 챌린지'를 비꼬는 '덕분이라며 챌린지'를 시작했다. 엄지손가락을 위로 올리는 '덕분에 챌린지' 수어를 뒤집어 엄지손가락이 아래로 향한 손동작을 하는 '덕분이라며 챌린지'에 대한전공의협의회 전공의들과 전국 40개 의대·의전원 학생회장들이 참여했다. 이는 코로나19 상황에서 의료진의 노고를 치하하는 척 하면서 일방적인 의료정책을 강행한 정부에 대한 배신감을 표출한 퍼포먼스였는데 SNS에는 '#덕분이라며챌린지', '#앞에선덕분에', '#뒤에선입맛대로', '#껍데기뿐인공공의료', '#정치보다건강이먼저다' 등의 해시태그가 올라왔다. 젊은 세대의 발랄한 패러디 전략으로 생각이 됐는지 전공의, 의대생들의 많은 호응을 얻으며 의사집단 내에서 널리 알려졌다.

그러나 이 일은 우리 사회에서 '결정장애' 같은 용어가 장애인 혐오와 같은 선상에 놓여 있어서 사용하면 안 된다는 여론이 만들어진 지 1년도 더 지났는데도 누구보다도 장애인 차별이나 혐오에 적극적으로 대응해야 한다는 의사의 사회적 책무를 가르치지 않은 의과대학 교육의 맹점을 보여준 사례였다. 결국 한국농아인협회는 "의대생들은 수어를 모독하지 마라!"는 성명서를 내고 농인들에게 사과할 것을 요구했다.

『코로나 사태로 의료현장에서 고생하는 의료진들을 향해, 엄지손가락을 편 주먹을 손바닥 위에 올리는 형태의 수어는 타인을 '존경한다'는 뜻으로 수어를 모르는 사람조차 널리 알려진 수어다. 그러나 '존경'을 뒤집은 형태는 사전에는 존재하지 않으며 굳이 의미를 부여한다면 존경이라는 단어의 반대 의미를 넘어 '저주한다'와 비슷한 의미를 갖는다.

코로나 사태가 다시 재확산돼 국민들의 불안과 불편이 가중되는 가운데, 대한의사협회의 의료파업에 동참한 대한의과대학·의학전문대학원학생협회(의대협)에서 '저주한다'는 의미로 해석되는 엉터리 수어를 자신들의 파업 상징으로 사용하고 있어 우리 농인들이 분노한다.

우리 사단법인 한국농아인협회는 의대협이 미래의 이익을 지키겠다며 대한의사협회의 파업에 참여하는 자체에 대해서는 상관하지 않지만, 남을 저주한다는 의미를 담은 엉터리 수어를 상징으로 사용하는 것은 수어에 대한 모독으로 받아들인다. 우리 농인에게 '수어'가 갖는 위상과 가치는 국어의 그것보다 더 높다. 그러한 농인들의 수어를, 생명을 구하는 의사가 될 의과대학생들이 미래의 이익을 지키겠다며 끌어다 쓰고 모독한 것이다.』

비판 여론이 거세지자 대한의과대학·의학전문대학원 학생협회는 "본 협회에서 진행한 '덕분이라며 챌린지'에서 사용한 손 모양에 상심했을 모든 분께 사과의 말씀을 드린다"며 "특히, 누구보다 큰 상심에 빠지셨을 농인분들께 고개 숙여 사죄드린다"고 사과하고 손 모양 사용 도안을 모두 철회했다.

이미 의사 집단은 그 안에서 가장 진보적이어야 할 학생들조차 자신들의 이익을 위해 장애인들을 모욕하는 것도 서슴지 않는다는 여론이 만들어진 후의 일이었다. 정부의 '덕분에 챌린지'가 의료 현장의 인력을 갈아먹는 대한민국 의료의 고질적인 문제점을 은폐한다는 본질적인 문제도 그대로 묻혀 버렸다.

'전교1등' 의사의 '공정하다는 착각'

농인들의 분노가 채 잠잠해지기도 전에 의사협회는 '전교 1등 의사' 홍보물을 만들어 또 한 번 사회 흐름에 역행하는 모습을 여지없이 보여 주었다. 9월 1일 의협 의료정책연구소는 공식 페이스북 계정에 '정부와 언론에서는 알려주지 않은 사실: 의사파업을 반대하시는 분들만 풀어보세요'라며 문제풀이 형식의 게시물을 올렸다.

첫 번째 문제는 '당신의 생사를 판가름할 중요한 진단을 받아야 할 때 의사를 고를 수 있다면 둘 중 누구를 선택하겠습니까?'였다. 선택지는 '매년 전교1등을 하기 위해 학창시절 공부에 매진한 의사'와 '성적은 한참 모자라지만 추천제를 통해 공공의대에 입학한 의사' 두 가지였다.

당장에 SNS를 통해 비뚤어진 '엘리트의식' 또는 '선민의식'을 드러낸 의사들에 대한 분노가 들끓었다. 학교 성적에만 매몰된 의사들의 편협한 세계관에 대한 비판과 함께 "일단 이 문답을 만든 사람에게 진료 받고 싶지는 않다. 의사씩이나 돼서 환자에게 '전교1등'이었다고 우쭐거리는 사람을 인간적으로 신뢰할 수 있나?" 하는 되물음이 올라왔다.

보건의료단체연합 정형준 정책위원장은 이 게시물 논란을 두고 "(의사들이) 사회화가 안 돼 있는 게 가장 크다. 대중이나 다른 사회의 정서를 전혀 캐치하지 못한다는 거고, 의사 단체에 있는 주요 리더들이 그 정서에 대해 잘 모른다"며 "의사들 안에서도 이런 일이 자충수라 생각하는 사람이 많다. 그 안에서도 등수가 있는데 지방대 의대를 나온 사람들을 무시하는 처사이기 때문이다"라고 말했다. 또한 "한국의 의료가 기술치료의학으로 넘어가다 보니 '공부 잘하는' 사람들이 테크닉적으로 하는 게 좋은 의학이라고 생각하는 의사가 많다. 기술의학이 극단적으로 한국사회 의료공급을 주도하게 됐고 대형병원 중심으로 더 고착된 측면이 있다. 사람을 진료하고 다양한 문제를 고려하는 것이 아니라 '이 질환이면 이 약' 등 공장식 의료가 된 부분을 반영한다고 본다"고 설명했다.

의협 의료정책연구소는 논란 후 게시물을 삭제했다가 몇 시간 만에 "의대 증원 및 공공의대 문제에 대해 쉽게 풀어 쓰는 과정에서 부적절한 표현으로 불쾌감을 드린 것을 사과드린다"며 '매년 전교1등을 놓치지 않기 위해 학창시절 공부에 매진한 의사'라는 문구를 '정당한 경쟁과 입시전형을 통해 꿈꾸던 의대에 진학한 의사'로 바꿔 올렸다.

그러나 비난의 여론은 수그러들지 않았고 결국 게시물은 내려졌다. 이미 사회적으로 실력주의(meritocracy)의 병폐를 인정하는 것이 현실이었는데 의사협회의 시대착오적인 시각은 사회적 흐름에 한참 뒤떨어져 있었던 것이다.

의협이 여론을 조성할 능력이 전혀 없다는 점은 이 한 사건만으로도 충분히 알 수 있다. 드라마 〈스카이캐슬〉에서 서울의대를 보내기 위해 부모들이 벌이는 상상을 초월한 각축을 보며 넌더리를 친 많은 사람들이 의과대학 학벌이 개인의 능력만은 아닐 것이라는 의문을 제기한 지 이미 오래 된 상황이었다.

이 게시물 사건이 벌어질 당시 마이클 샌들의 《공정하다는 착각》(The Tyranny of Merit: What's Become of the Common Good?)이 출간됐다. 샌들 교수는 저서에서 다음과 같이 썼다.

"SAT는 수학능력이나 사회경제적 배경과 무관하게 타고난 지능을 측정하는 시험이 아닌 것으로 밝혀지고 있다. SAT 점수는 응시자 집안의 부와 매우 연관성이 높다. 소득 사다리의 단이 하나씩 높아질수록, SAT 평균점수는 올라간다. 가장 경쟁이 치열한 대학을 노리는 학생들의 점수를 보면 이 격차가 특히 크다. 부잣집(연소득 20만 달러 이상) 출신이 1,600점 만점에 1,400점 이상 기록할 가능성은 다섯 명에 하나다. 가난한 집(연소득 2만 달러 이하) 출신은 그 가능성이 50명에 하나다. 또한 고득점자의 경우에 압도적인 비율로 그 부모가 대학학위 소지자다."

가짜뉴스와 현대판 음서제

　정부와 의료계의 갈등이 정점에 달하던 8월 28일 〈조선일보〉에 실린 기사가 많은 사람을 황당하게 했다. "조민, 세브란스병원 피부과 일방적으로 찾아가 '조국 딸이다, 의사고시 후 여기서 인턴하고 싶다'"는 제목으로 일부 지방판에 올라갔던 기사는 삽시간에 의사들 커뮤니티에 뿌려졌고 사실관계 확인도 없이 이 소모적인 싸움이 대정부 투쟁이라는 강고한 틀로 굳어지는 계기가 됐다.
　지방판에서 즉시 삭제된 이 기사가 어떤 목적과 경위로 올라갔던 것인지는 알려져 있지 않다. 조국 전 장관은 즉시 조민 씨가 세브란스병원을 방문한 적이 없다고 강력히 부인했고, 세브란스병원 피부과 정기양 교수도 "피부과 교수 누구도 조민 씨를 만난 적 없다"고 부인한 가운데 〈조선일보〉는 다음날 정정 보도를 냈다.
　명색이 발행 부수 1위인 언론사에서 당사자에 대한 최소한의 사실 확인도 이루어지지 않은 이런 기사가 어떻게 지면으로까지 이어질 수 있었는지는 지금도 알 수 없다. 전국을 갈등의 소용돌이에 밀어 넣으며 두 동강 낸 한 해 전의 소위 '조국사태'의 악몽이 되살아나는 순간이었다. '조국사태'에서 조민 씨의 부산대 의전원 합격 시 제출한 다양한 스펙의 적법성 여부가 큰 부분을 차지하는 만큼 현 정권과 의사집단의 이러한 갈등 상황에서 이 기사의 내용이 사실이라면 어떤 형태로든 정권을 공격하기 위한 좋은 재료가 될 가능성이 높았다. 의사들은 그렇게 던져진 기사를 아무 의문 없이 공유하며 흥분했다.

'조민 피부과지원' 가짜뉴스의 여파는 조민 씨가 국시에 합격하고 인턴을 지원하는 순간까지도 지속됐다. 조 씨는 대부분의 의과대학생이 국가고시를 거부했던 2020년 가을 국가고시에 응시해 합격한다. 이후 조 씨의 행적은 많은 사람의 관심사가 됐는데 국립의료원에 인턴을 지원한 순간 불씨가 재점화된다. 정기현 국립의료원장은 2017년 국립의료원 취임 때 문재인 대통령 지지모임인 '더불어포럼' 창립에 참여한 이력 등 때문에 '코드인사'라는 논란이 있었기 때문이다.

참외밭에서 신발 끈을 묶은 것인지 국립의료원은 다음해 피부과 전공의 정원을 증원했다. 조민 씨가 피부과에 지원할 것이 기정사실처럼 받아들여진 가운데 대학병원 피부과 교수들에게 주의하라는 농담도 떠돌았다. 결국 조민 씨는 국립의료원 인턴에 불합격하고 한일병원에 합격했지만 논란은 사그라들지 않는다. 임현택 소아청소년의사회 회장은 "오늘 13만 의사와 의대생은 의대에 부정 입학한 무자격자가 흰 가운을 입고 의사 행세를 하면서 환자 생명을 위태롭게 하게 된 사태에 대해 의사 면허증과 가운을 찢어 버리고 싶을 정도로 분노하고 개탄한다"고 원색적인 분노를 표출함으로 일개 의대 졸업생에 대해 의사 전체가 달려든 옹졸한 모양새를 연출했다. 의협은 조국·조민사태에 투영된 한국사회의 복잡한 측면에서 의사들의 주장에 걸맞는 부분만 취해 공공의대의 시민단체 추천을 '현대판 음서제'라고 주장하면서 조민 논란에 덧씌웠다.

조민 씨는 의과대학이 적성에 맞지 않는 사람이었을지 모른다. 인터넷에 회자되는 의과대학 학점이나 유급 경력을 보면 그렇게 판단된다. 조민 씨의 경우를 문제 삼는다면 SKY캐슬도 능가하는 입학전형의 복잡함과 스펙 만들기의 적법성에 대한 문제보다는 의전원 입학 후 의과대학 커리큘럼을 어떻게 소화하고 졸업할 수 있었는지에 초점을 맞추어야 하는데 입학전형에 제출한 서류의 적법성 여부에만 논란이 집중됐다. 이는 그동안 입학 전형에 유리한 '스펙' 관련 서류들을 많은 학교에서 제대로 관리하지 못하는 경우가 매우 흔했던 만큼 지극히 소모적인 논쟁이었다. 이들 논란을 두고 많은 호응을 받은 다음 댓글은 시사하는 바가 크다.

"전수조사를 촉구합시다. 조국 하나 주고 적폐들 다 쓸어냅시다. 특히, SKY 합격자들에 대해 철저한 전수조사 촉구합시다. 대학평준화 없으면 수시를 완전히 폐지해야 합니다. 수시가 있는 한 고위층은 범죄자일 수밖에 없습니다."

2021년 3월 1일 아주대 의대 해부학교실 정민석 교수는 트위터에 『저는 가족 이야기를 하지 않는데, 오늘만 하겠습니다. (중략) 제 아들(정범선)이 오늘부터 연세대 원주 의대 해부학교실의 조교수가 됐습니다.(연구조교수가 아닌 조교수). (아들은) 순천향대 의대를 졸업하고 아주대 의대에서 제 도움으로 의학박사를 받았습니다.』라는 글을 올렸다. 조민 씨를 둘러싼 공정성 논란이 무의미함을 보여준 글이었다.

2021년 8월 24일 부산대는 조민 씨에 대해 입학 취소 결정을 내림으로써 2년 동안이나 나라를 뒤흔들었던 이른바 '조국 사태'의 한 단락을 마무리했다. 예상했던 대로 후폭풍이 거세었고 사법정의 바로 세우기 시민 행동은 부산대 총장을 직권남용 혐의로 검찰에 고발했다.

40개 의과대학 가운데 왜 하필이면 부산대였을까? 그리고 조민 씨는 어떻게 장학금까지 받고 부산대 의과대학을 졸업할 수 있었을까? 문제의 핵심은 사실 이 두 가지이지만 그 과정에 연루됐을 또 다른 많은 부조리와 탐욕을 고려하면, 그리고 그런 사안을 사법적으로 처리할 수 있는지에 대한 의문을 고려한다면 아마도 이 사태는 문제의 핵심은 건드리지 못하고 종결될 가능성이 높다.

대정부투쟁의 도구

　의사들이 대정부 투쟁 국면에 들어서자 현 정권에 반대하는 이들은 별 진정성 없이 의사들 편을 들기 시작했다. 홍준표 의원은 페이스북에 올린 글에서 의대 정원 증원과 공공의대 신설 등 정부가 추진하려는 의료정책을 '삼류의사를 양산하는 의료 포퓰리즘'이라며 '의료 포퓰리즘에 저항하는 것은 의료인들의 당연한 권리이고 국민의 생명을 다루는 의사 증원은 막무가내로 밀어붙일 것이 아니라 의료계 의견을 충분히 경청해야 한다'고 했다. 의사들은 홍 의원의 글을 열광적으로 공유했다. 홍 의원이 과거에 했던 일을 기억하지 못하거나 혹은 상관하지 않는 비극이었다. 홍 의원은 이후 '문재인정권 출범 후 좌파정권의 패악을 최초로 굴복시킨 것은 야당이 아닌 바로 여러분'이라고 의사들을 치켜세웠고, 의사들은 느닷없이 반정부 투사가 된 셈이었다.

　〈조선일보〉·〈중앙일보〉·〈동아일보〉는 의사들의 주장을 충실히 보도해 주었고, 이에 의사들의 열렬한 지지를 받았다. 과거 의료 민영화 정책이 실시되던 당시에 이들이 취했던 입장에 비추어 보면 이런 상황 역시 비극이었다. 〈중앙일보〉의 『전공의 파업에서 무엇을 볼 것인가』는 의사들의 SNS에서 가장 많이 유포된 글이었다. 이 글은 코로나사태에 직면한 정부가 3등

선실에서 사투하는 전공의들을 상대로 인질극을 벌이고 있다는 논조를 폈는데, 이는 이들 언론이 '하필 이 시점에서 의사들과 전쟁을 하자는 정부'라는 공격의 논리를 그대로 반영한 것이었다.

『그들은 엘리트이며, 엘리트여야 한다. 평범한 회사원보다 높은 연봉을 받는 것도 그런 위험에 직면해 있기 때문이다. 그것이 그들에게 치료의 권한을 부여하는 이유이자 실패의 책임을 물을 수 있는 근거다. 직업의 사명감과 공공성을 누구보다 의식하는 것도 의사들이다. 좋은 학교를, 우수한 성적으로 졸업하고 높은 소득을 올릴 수 있는 엘리트 직종 중에서 그들은 왜 의사의 길을 택했을까? 그것도 지금처럼 재택근무 하며 건강과 안전을 도모하는 시기에? 답은 명료하다. 그들은 이미 의사이고, 그렇기 때문에 우리와 함께 3등선실에 있는 것이다. 누구보다 파업의 여파를 잘 알면서도 강행하는 것 역시 그러지 않을 수 없기 때문일 것이다. (중략) 더 어처구니없는 것은 정부가 의료계 의견을 수렴하는 절차조차 거치지 않았다는 사실이다. 의사들의 반발을 예상하지 못했을까? 아니면 반발하더라도 코로나 사태와 엘리트 집단의 밥그릇 싸움이라는 프레임으로 싸잡으면 무릎 꿇릴 수 있다고 계산한 걸까? 예상하지 못했다면 무능하고 멍청한 것이고, 계산했다면 비열하고 악랄한 것이다. 어느 쪽이든 분명한 것은 국민의 건강과 안전을 인질로 삼고 있는 것이 의사가 아니라 정부라는 사실이다. 3등선실이 아니라 함교에 있는 것은 정부 아닌가.』

이 글은 2016년 이화여대 투쟁과 전공의 파업을 겹치며 2016년의 투쟁이 가져온 결과를 의미심장하게 상기시키며 마무리된다. 급기야 하태경 미래통합당 의원이 이낙연 더불어민주당 신임 당대표에게 '코로나 전쟁에서 승리하겠다는 이 대표가 가장 먼저 할 일은 의사들을 향해 기관총을 난사하고 있는 문재인 대통령을 막는 것'이라고 촉구했다. 정점을 찍은 것은 신현영 더불어민주당 의원이 대표 발의한〈남북 보건의료의 교류협력 증진에 관한 법률안〉(남북의료교류법) 논란이었는데 이에 대해 〈조선일보〉는 '말 안 들으면 아오지탄광…'이라는 네티즌 발언까지 헤드라인 기사화하기도 했다.

의사를 대변하는 언론은 없다

이들 언론 3사 외의 다른 언론들은 어땠을까? 이른바 '조·중·동'의 보도 내용은 나름의 논리적 근거를 갖추고 있었지만 이들 근거는 또한 '조·중·동'이 이야기한 것이기 때문에 일각에서는 그냥 '의사들 입장'일 뿐이라고 일축되기 일쑤였다. 이들은 '조·중·동이 의료정책을 정면으로 다루기보다 의협 주장을 단순 전달하는 보도를 했다'고 비판하면서도 정작 자신들은 의료정책에 대한 심층적인 보도는 하지 않고 거꾸로 의사들을 싸잡아 비난하는 입장을 취했다. 정책적인 문제에 대한 정보는 조·중·동보다 부실하게 전달했고 갈등 조장과 편 가르기에도 능했다.

의협에 대항하는 입장으로 단골로 초대된 것이 인도주의 의사협의회와 서울대 의료관리학교실이었는데 파업 전 공중파에서 현 상황에 대한 발언권을 가진 것은 이들 그룹에 속한 서너 명의 인사가 전부였다. 이들은 "공공의료가 필요하다", "우리나라 의사 수는 OECD 국가 대비 매우 낮다"는 하나마나한 말을 되풀이하면서 문제의 핵심에는 가까이 가지 못했다.

OECD 국가에서 표방하는 수준의 인구당 공공 병상 수를 만들기 위한 병원 건립 재정은 얼마인지, OECD 국가 수준의 의료 인력을 유지하기 위한 적절한 인건비 수준은 얼마인지, OECD 대비 의료인의 노동 강도를 정상화하기 위해 필요한 재정 수준은 얼마인지, 이 재정은 어떻게 마련할 것인지, 현재 우리나라의 의료재정지출 구조가 어떻게 돼 있기에 GDP 대비 의료비 지출이 적지 않다고 하면서 이제 더 이상 공공 병상은 못 만드는 것인지 등 논의할 것들이 차고 넘쳤지만 어느 언론도 여기에 대해서는 언급이 없었고 의사들의 한심한 사회성에 대한 비난만 날로 커져갔다.

검사도 개혁하는데 '의레기'쯤이야

그런 가운데 9월 1일 〈JTBC 뉴스룸〉이 마련한 집단휴진 관련 TV토론회에서 안덕선 대한의사협회 의료정책연구소장과 "의사는 공공재" 발언으로 물의를 일으킨 김헌주 보건복지부 보건의료정책관의 공개토론은 처음으로 포인트를 제대로 짚은 방송이었다.

안 소장은 "지금 같은 의료계와 정부 사이의 갈등이 정부 책임인지, 의협 책임인지를 따지기보다 의료인 집단도 육체·지식·감성 노동을 하는 근로자로서 존중돼야 한다"며 "잘잘못을 따지기 전에 근로자의 단체행동은 해결할 수 없는 쟁점 사안이 있을 때 현대국가에서 일어나는 자연스러운 현상이다", "국제적으로 120년 동안 의사들의 파업이 300회가량 있었다"는 발언으로 전공의들에게 폭발적인 호응을 얻었고, 김헌주 정책관은 토론에서 밀리는 모습을 보였다.

의협의 의료정책연구소가 가지는 여러 한계에도 불구하고 의사들 중에서 이만한 토론을 할 수 있는 사람이 없었기에 안 소장은 전공의들 사이에 일거에 '갓덕선' 반열에까지 올라갔다. 물론 문제의 핵심에는 접근하지 못한 토론이었지만 빤히 정해진 인사들을 불러놓고 일방적인 앵무새 발언을 하게 하는 대부분의 방송보다는 훨씬 나은 내용이기는 했다.

8월 26일 전공의 2차 파업을 계기로 언론보도가 폭발적으로 늘어나며 사안의 관심도가 높아지면서 친정권 언론들의 행보도 바빠지기 시작했다. 〈뉴스공장〉은 다양한 시도를 통해 의사집단 전체에 대한 매도를 거리낌 없이 유도했고, 많은 사람들은 그 동안 병원에서 당해온 일에 대한 분풀이를 모두 쏟아내며 카타르시스를 느끼기도 했다.

'의레기'라는 말이 친문 진영의 다양한 매체에서 떠돌았다. 진중권 전 동양대 교수는 〈한국일보〉에 기고한〈민주당이 윤미향을 내치지 못하는 이유〉에서 민주당 주류가 공유하는 NL운동권 서사의 상징인 윤미향에 대한 납득할 수 없는 민주당의 대응 행태를 다양한 각도로 조명하며 이렇게 말했다.

"그들은 대중을 자기들의 유아적 환상에 철저히 가두어 놓았다. 민주당 팬덤의 전(全) 세계관은 '떡검·기레기·토착왜구·뭉클·울컥·사랑해요·지키자'라는 일곱 마디로 남김없이 기술된다. '떡검·기레기·토착왜구'는 그들의 인지모드, '뭉클·울컥'은 감성코드, '사랑해요·지키자'는 행동강령이다. 시그널이 내려오면 그들은 기꺼이 586 상상계를 수호하는 성전의 전사가 된다"

시그널이었을까? 9월 2일 대통령의 페이스북에 이런 글이 올라왔다.

『전공의 등 의사들이 떠난 의료현장을 묵묵히 지키고 있는 간호사분들을 위로하며 그 헌신과 노고에 깊은 감사와 존경의 마음을 드립니다. 코로나19와 장시간 사투를 벌이며 힘들고 어려울 텐데, 장기간 파업하는 의사들의 짐까지 떠맡아야 하는 상황이니 얼마나 힘들고 어려우시겠습니까? 여기에 더해 진료 공백으로 환자들의 불편이 커지면서 비난과 폭언도 감당해야 하는 상황이라고도 합니다. 열악한 근무환경과 가중된 업무부담, 감정노동까지 시달려야 하는 간호사분들을 생각하니 매우 안타까운 심정입니다.

지난 폭염 시기, 옥외 선별진료소에서 방호복을 벗지 못하는 의료진들이 쓰러지고 있다는 안타까운 소식이 국민들의 마음을 울렸습니다. 의료진이라고 표현됐지만 대부분이 간호사들이었다는 사실을 국민들은 잘 알고 있습니다. 용기 잃지 말고 조금만 힘을 내어주십시오. 가수 아이유가 아이스 조끼를 기부했다는 소식도 들었습니다. 그렇습니다. 언제나 환자 곁을 지키며 꿋꿋이 이겨내고 있는 간호사분들 곁에는 항상 우리 국민이 있다는 사실을 잊지 마십시오.

정부는 간호사분들의 어려움을 조금이라도 덜어드릴 수 있는 일들을 찾아 나서겠습니다. 간호인력 확충, 근무환경 개선, 처우개선 등 정부는 최선을 다해 지원하겠습니다. 코로나19 방역의 최일선에 있는 공공병원의 간호 인력을 증원하는 등 당장 할 수 있는 일부터 신속히 하겠습니다. 간호사 여러분, 고맙습니다. 사랑합니다.』

의료 현장의 최전선에서 손과 발처럼 움직여야 하는 사람들에 대해서까지 편 가르기를 하겠다는, 한 나라의 대통령이 쓴 글이라고 보기에는 너무나 치졸한 이 글 때문에 전공의들은 더 흥분했고 전공의들이 비우고 나간 자리를 지키던 교수들마저 두 손 두 발 다 들었다. 간호사는 의사를 대체할 수 있는 인력이 아닐진대 상황이 오히려 더 위험해질 뿐이었다. 그럼에도 "지(켜주지)못(해)미(안해)"를 외치는 팬덤은 뭉클, 울컥해진 걸까? 팬덤의 웹싸이트에는 '검사들도 혼내주는데 의사들 네까짓 것들은 일도 아니야'라는 식의 발언이 수없이 올라왔다. 진중권 씨의 말을 빌리면 '과거의 정의로운 민주투사라는 상상계'를 뇌물을 받고, 비리를 덮고, 여론을 조작하고, 상장을 위조하며, 높은 분을 위해 선거 개입도 하는 저열한 존재라는 실재계로 끌어내릴 힘을 가진 검사들에 비하면 의사들이란 오로지 싸잡아서 쓰레기를 만들어도 자신들의 상상계를 돋보이게 할 뿐인 집단이라는 의미일까? 그런데 걸핏하면 대형병원의 유명 교수들에게 새치기 내지는 VIP 진료를 요구하는 실재계를 오늘도 의레기에게 몸을 의탁해야 하는 많은 일반 국민은 뭐라고 생각할까? 그들이 구상하는 '의레기들을 혼내줌'으로 이루어지는 사회적 정의는 어떤 것일까?

대치동 8학군 교육의 결과?

　전공의들의 반응은 날로 격앙돼 가고 코로나 위기를 한치 앞도 내다보기 어려운 상황에서 정부와 의료계는 다양한 채널을 통해 물밑 작업에 나섰다. 정치인들과 의과대학 학장들은 학생, 전공의 대표들을 개별적으로 만나 다양한 방안으로 설득하려 했지만 강고하게 "철회·중단"을 명문화할 것을 요구하는 이들과 타협점을 찾는 것이 불가능했다.

　전국의대교수협의회도 학생·전공의·정부관계자를 만나 해결책을 찾기 위해 고심했다. 8월 29일 토요일, 교수들은 학생·전공의 대표와 긴급 회동을 가지고 "철회·중단"이라는 말이 들어가지 않고도 '공공의료'의 명분을 확실히 세울 제반 조건을 요구한다면 윈윈(win-win)이 될 수 있음을 설득하면서 새로운 합의문 작성을 논의했다. 의료 공영성 확보를 위한 재정계획과 의료전달체계의 확립을 골자로 하는 내용이 포함됐는데 이번에는 정치인들이 난색을 표했다. 어차피 '공공의료'는 레토릭에 불과한 사안이었음이 새삼 다시 드러났다.

　그럼에도 학생과 전공의들에 대한 일말의 영향력이라도 이용해 사태를 잘 해결해보겠다고 동분서주하던 교수들의 환상은 몇 시간 후인 그날 저녁 깨지고 말았다. 전공의 대표들은 누구에게도 알리지 않고 8월 28일 의료계를 대표하는 국립병원·사립의료원장 대표, 의과대학 학장, 의학한림원장들과 회동하고 합의문에 서명을 받았다.

합의문에는 별다른 맥락 없이 '지역의료 불균형, 필수의료 붕괴, 공공의료 부재'에 대한 문제점이 포함됐고, '정부의 일방적 정책 추진을 중단하고 의·정 협의체에서 의대 정원 증원 등의 정책에 대한 원점 재논의를 한다'는 내용이 들어갔다. 제시된 문제점과 요구 사항이 따로 노는 이상한 내용이었지만 대한민국 의료에서 가장 막강한 파워 그룹은 학생·전공의 대표단이 제시한 합의문에 서명했다. 같은 날 저녁 전공의 대표들은 국회 보건복지위원장 한정애 의원을 만나 또 다른 합의문을 받는다.

내용은 달라진 것이 없지만 한 의원은 보건복지위원장의 직을 걸고 관련 법안이 절차 없이 통과되는 것을 막아주겠다는 이면 약속을 했다. 이 두 문건을 놓고 29일 밤 전공의 협의회는 단체행동을 종료해도 될지 표결을 했으나 결과는 부결이었다. 문건에 '철회'가 들어가지 않는 한 물러서지 않겠다는 입장은 변함이 없었고, 이런 결과에 교수들은 혀를 찼다. 이들의 타협 없고 단어 하나 하나 따지는 행동이 대치동 8학군 교육의 결과가 아니냐는 우스갯소리가 나왔다.

이날 합의문에 서명을 했던 대한민국 대표 의료계 인사들은 전공의들에게 정부의 행동에 대한 보증을 서주겠다고 나섰다가 전공의들에게 비토당한 상황이 됐다. 〈젊은 의사 인스타라이브〉에 올라온 전공의 협의회장 박지현의 발언을 들어보면 이들 생각의 결을 알 수 있다.

〈전략〉

8. 중단·지속 다 거짓말이다. 모든 예전 (대전협) 관련인들의 의견과 지금 관련자들 의견 다 다르다.
9. 수련병원협의의원회 관련 문서는 정부합의문 아니다.
10. 정부합의문 없는 거다. 잘못됐을 때 교수들이 잡아달라고 이야기한 거다.

교수들은 무엇을 했나

업무개시명령에 의한 전공의 고발 조치가 이어지고 분위기가 악화일로를 걷던 상황에서 전공의 협의회 집행부의 비밀협상과 이에 대한 찬반투표 개시는 전공의들에게 이제 단체행동을 끝내자는 신호로 받아들여지면서 집행부에 대한 비난과 분열이 시작됐다.

전공의협의회는 현 집행부가 구속 등의 사태로 기능을 잃을 시 그 기능을 이어받을 조직을 다시 만들고 투쟁의 장기화에 대비했지만 이런 일을 해본 경험이 없던 이들에게 더 이상의 싸움이 힘겨운 일이라는 징조는 여러 곳에서 나타나기 시작했다. 어느 모임에서는 교수와 전공의들 사이에서 실랑이가 일기도 했다.

8월 31일 민주당 이낙연 신임대표는 국회 보건복지위원장인 한정애 의원을 당 정책위원장에 임명했다. 사흘 전 전공의 대표들과의 물밑 협상에서 법안이 일방적으로 통과되는 것을 저지해주겠다고 약속해 놓고 겨우 3일 유효한 것이었냐는 반응이 전공의들 내부에서 쏟아져 나왔다. 한 위원장의 당내 역할은 행정적으로는 도저히 풀 수 없는 문제를 입법 시스템 안에서 풀어보겠다는 것을 내외에 설득하는 것이었다. 그런 점에서 오히려 정책위원장이 더 힘을 받을 수 있는 자리라는 것은 전혀 고려하지 않고 또다시 '정치인은 다 사기꾼이고 못 믿을 인간들'이라는 분노의 목소리가 터져 나왔다.

교수들에게 남은 선택지도 몇 가지 없었다. 제자들의 단체행동을 끝까지 지지해주느냐, 복귀를 명하느냐는 정도였다. 전자는 이미 교수들을 좌지우지하는 젊은 의사들에게 그대로 휘둘리는 상황이고, 후자는 정부의 고발 사태가 줄을 잇는 상황에서 제자들 등에 칼을 꽂는 격이었다.

교수협의회는 두 가지 방안을 두고 격론을 벌였는데 전자에 찬성하는 의견이 다수인 가운데 출구를 찾아야 한다는 의견도 적지 않았다. 몇몇 병원에서는 비상대책위원회가 발족됐고 교수들은 『제자들을 고발하기 전에 나를 고발하라』는 피켓을 들었다. 전공의 고발과 병원 실사가 진행 중인 가운데 교수들이 집결해 공무원들에게 항의시위를 벌였고 그 가운데 벗어놓은 가운을 실사를 나온 공무원들이 짓밟고 지나갔다는 자극적인 뉴스들이 SNS를 도배했다. 이제 교수들마저 파업을 해야 하느냐에 대한 격론이 벌어졌고 대형병원에서는 비필수 수술 연기에 따른 큰 혼란이 빚어졌다. 병원 행정직원들은 쏟아지는 환자와 보호자들의 욕설을 한 몸에 받아야 했다. 병원 내 코로나 환자 발생이 산발적으로 이어졌고 전공의들은 파업한다고 욕은 욕대로 먹으면서 실제로는 진료에 투입되는 소모적인 상황이 이어지고 있었다.

파국은 9월 4일 아침에 왔다. 한정애 정책위원장이 다시 나섰고 민주당과 대한의사협회는 이날 오전 10시 서울 영등포구 민주당 당사에서 '정책 협약 이행 합의서' 체결식을 갖고 최종 합의문에 서명했다.

대한의사협회 · 더불어민주당 정책협약 이행 합의서

『대한의사협회와 더불어민주당은 국민의 건강과 보건의료제도의 발전이라는 공동의 목표 아래, 지역의료 불균형, 필수의료 붕괴, 의학교육과 전공의 수련체계의 미비 등 우리 의료체계의 문제에 대한 근본적 해결과 코로나19 극복을 위해 다음과 같이 정책협약을 체결하고 이행을 위해 노력할 것을 약속한다.

 1. 의대 정원 확대와 공공의대 신설 추진은 코로나19 확산이 안정화될 때까지 관련 논의를 중단하며, 코로나19 안정화 이후 협의체를 구성해 법안을 중심으로 원점에서 모든 가능성을 열어놓고 재논의하기로 한다. 또한 논의 중에는 관련 입법 추진을 강행하지 않는다.

 2. 더불어민주당은 공공보건의료기관의 경쟁력 확보와 의료의 질 개선을 위해 충분한 예산을 확보하도록 노력한다.

 3. 더불어민주당은 대한전공의협의회(대한의사협회 산하단체)의 요구안을 바탕으로 전공의특별법 등 관련 법안 제·개정 등을 통해 전공의 수련 환경 및 전임의 근로조건 개선을 위해 필요한 행정적·재정적 지원 방안을 마련한다.

 4. 대한의사협회와 더불어민주당은 코로나19 위기 극복을 위해 긴밀하게 상호 공조하며, 의료인 보호와 의료기관 지원에 대한 구체적인 대책을 마련해 추진하기로 한다.

 5. 더불어민주당은 대한의사협회와 보건복지부가 향후 체결하는 합의사항을 존중하고, 이행을 위해 적극 노력한다. 2020년 9월 4일 대한의사협회-더불어민주당』

'가짜 솔로몬'이 씌운 '가짜 엄마' 누명

당시 파업의 핵이었던 전공의협의회 박지현 위원장은 합의문을 체결한 아침 페이스북에 "자고 일어났는데 나도 모르는 보도 자료가 …(중략)… 나 없이 합의문을 진행한다는 건지?"라는 글을 올려 전공의협의회는 합의 과정에서 배제됐음을 시사했다. 이들이 요구했던 '철회·중단' 문구는 빠져 있었다. 후폭풍이 몰려왔다.

언론에서는 '진료 정상화'를 선언하면서 전공의들의 설 자리를 없애고 있었다. 전공의들은 협약이 진행되는 장소로 집결해 엘리베이터와 복도를 막고 『전공의는 합의한 적 없다』, 『전면 철회』, 『단독 결정』 팻말을 들고 박능후 보건복지부 장관과 최대집 의협 회장을 저지하며 격렬하게 항의했다. 모 병원 전임의는 분신 소동까지 벌였다. 상황이 통제 불능 상태로 들어감에 따라 교수들은 연락할 수 있는 개별 전공의들에게 더 이상의 극단적인 행동을 자제해 달라고 호소했다.

정부는 정부대로 후폭풍에 시달렸다. '의협에 무릎 꿇은 공공의료…그 합의문도 거부한 전공의'라는 제목 하에 〈한겨레신문〉은 정부·여당과 대한의사협회(의협)의 정책 중단 협의에 대해 '국민의 생명·건강과 관련된 공공의료 확충이라는 중차대한 정부 정책 추진이 의사단체들이 한 달 가까이 벌인 집단행동으로 장기 표류하게 된 것이다. 그러나 대한전공의협의회(대전협)는 의협 산하단체이면서도 이런 합의를 수용할 수 없다는 입장이어서 집단휴진으로 인한 진료 공백 우려는 여전히 남아 있다'고 비판했다.

의료계의 막무가내에 정부가 백기 투항한 것이 아니냐는 비난이 쏟아졌다. 정부는 공공의료 확충에 대한 아무런 정책적, 재정적 계획도 없이 의사 정원을 4,000명 늘리겠다고 립서비스 한 것으로 정의의 사도가 됐고, 의사들은 정의의 사도를 막아선 악당들로 자리매김하게 됐다.

그런 상황을 서울대 의료관리학교실 김윤 교수가 또 부추겼다. 김 교수는 의정 합의 후 출연한 〈KBS〉 '일요진단 라이브-의대 증원·공공의대 원점 재논의 쟁점과 해법은?'에 출연해 놀라운 발언을 한다.

"저는 이번 합의 과정을 보면서 '솔로몬의 심판'을 떠올렸는데요, 두 여자가 한 아이를 두고 서로 자기가 진짜 엄마라고 우기니까 솔로몬 왕이 '그럼 아이를 반으로 나눠라' 하니까 진짜 엄마가 아이를 양보하겠다고 했죠. 의과대학 증원 문제를 포함한 정부의 정책을 폐지·철회 또는 원점에서 재검토하라는 요구를 굽히지 않았던 의사단체와 협상하는 과정에서 '모든 가능성을 열어놓고 협의하겠다', '국회 내 협의체를 만들어 논의하겠다', '일방적으로 법안을 추진하지 않겠다', '더 물러서 원점에서 재검토하겠다는 표현을 합의문 안에 수용하겠다'고 하는 등 국민의 생명과 안전에 대한 무한책임을 지고 있는 정부가 계속 양보하면서 이루어진 합의라고 생각합니다"

문제의 핵심인 정부의 공공의료 추진에 진정성이 없음을 비판하지 않은 채 의사들을 '가짜 엄마'로 몰아가는, 전형적인 서울대 의료관리학교실의 행태를 그대로 반영한 발언이었다. 상대방 패널로 출연한 노환규 전 의협 회장의 발언이 '이익 집단'이라는 인상을 그대로 반영하는 의협의 평소 태도에 부합하는 것이라는 건 놀랍지도 않지만 그렇다고 김윤 교수의 발언이 합리화될 수는 없는 것이다. 대한전공의협의회는 위원장 사퇴, 합의문 인정, 그리고 병원 복귀라는 사안을 두고 치열한 논쟁을 벌였으나 합의문을 뒤집을 힘은 없었고 각 병원에서 전공의들은 복귀 여부를 묻는 투표를 시행하고 속속 병원으로 돌아오고 있었다.

'의사 악당', 그리고 보복

의협과 민주당이 합의문에 서명한 직후 민주당 비례대표 이수진 의원은 의사들을 향해 공격의 포문을 열었다. 그는 '국민의 생명을 인질 삼아 불법 집단행동을 할 때, 과연 정치는 무엇을 해야 하고 어느 원점에 서 있어야 하느냐'고 분노하면서

'이번 협상은 의대 정원 확대와 공공의대 신설, 지역의사제 도입을 의사들의 진료 복귀와 맞바꾼 것일 뿐'이며 '파업에 참여한 의사들을 강력히 처벌하고, 피해보상을 청구해야 한다'고 주장했다. 간호사 출신인 이 의원은 2007년 연세의료원 노동조합 부위원장 시절 임금 8.24% 인상을 요구하며 28일 동안 간호사 파업을 이끌었고 의사들은 이 의원의 이런 주장이 '전형적인 내로남불'이라고 비난했지만 연세의료원 파업은 노동조합이 행한 것이기 때문에 '불법'은 아니라는 차이는 있다.

이어서 의사들을 겨냥한 법안들이 줄줄이 국회에 발의됐다. 보건복지위 더불어민주당 최혜영 의원은 의료법에 필수유지 의료행위를 규정하고 정당한 사유 없이 이를 정지 또는 방해하는 행위를 할 수 없도록 하는 〈의료법 일부 개정안〉을 대표 발의했다. 8월 단체행동으로 국민의 생명과 안전에 위험이 초래됐다고 주장하며, 음독한 40대 남성이 응급처치를 받을 병원을 찾지 못해 3시간을 배회하다 결국 숨지는 사례를 들었다.

파업 당시 전공의들 대신 교수들이 병원 당직을 서며 필수의료를 유지하지 못한 적이 없었지만 "필수의료 인력까지 모두 빼겠다"고 선언한 전공의협의회의 자충수 때문이었다. 언급된 음독 환자의 경우는 파업이 아니더라도 평소에도 치료 지연에 의해 사망이 빈번히 일어나는 사안이지만 파업 기간에 일어난 일이어서 고스란히 파업 때문인 것으로 오도된 것이다.

문제의 핵심은 약물중독 환자의 응급처치 및 집중치료에 필요한 전문 인력과 지원의 고질적인 부족인데 이런 점은 안중에도 없었다. 파업 당시의 전국적인 사망률은 비파업 기간에 비해 차이가 없었지만 어차피 이성과 논리는 중요하지 않았다.

이 법을 활용해 어떤 의료행위를 자의적으로 필수의료로 지정하면 파업을 원천적으로 금지할 수 있다는 주장이 나오면서 이 법은 '파업금지법'으로 불리며 의사들의 공분을 샀다. 정책 입안자들이 추종하는 공공의료의 천국이라고 하는 OECD 국가에서 의사의 노동 수준은 우리 나라보다 낮지만 의사들이 연례행사로 파업을 한다는 사실은 고려 대상이 되지 않았다. 어차피 이성과 논리는 중요하지 않았다.

더불어민주당 권칠승 의원은 면허 취소가 가능한 행위를 반복한 의료인의 면허를 영구 취소하는 '투스트라이크아웃법'과 함께 진단 시 질병 예후·치료방법 등을 구두로 설명하도록 하는 이른바 '친절한 의사법'을 대표발의 하였다. 이는 환자보다 의사들에게 더 고통스러운 '3분 진료'의 현실을 악용한 것이라고 밖에는 볼 수 없다.

그중에 가장 논란이 된 법안은 이른바 '면허박탈권'으로 알려진 '면허취소 관련 의료법 개정안'이었다. 금고 이상의 형에 대해 면허를 취소하고, 5년 동안 재교부를 금지하는 것을 골자로 하는 법안이었는데 살인·강간 같은 중범죄를 저지른 의사가 면허를 유지하는 데 대한 문제 제기에서 비롯됐다. 그런데 이를 반대하는 의사들은 자동적으로 강간범·살인범과 동일시되는 묘한 프레임이 작동할 수 있었다. 이 법안에 대해 의사들은 물론 극렬히 반대했고 예상했던 프레임은 정확히 작동했다. 의사들이 이 법안을 반대한 이유는 법안이 통과됐을 때 살인이나 강간과 같은 중범죄가 아니어도 면허가 취소될 수 있다는 것이었다. 사망교통사고, 고용 직원의 개인정보 관리 소홀, 이혼 후 양육비 지급 지연 등이 모두 면허 취소에 해당될 수 있는 범죄에 해당한다. 진료 중 불가항력으로 일어나는 과실치사와 과실치상도 면허취소 사유에 들어갈 수 있어 도저히 받아들일 수 없는 법안이었다. 그러나 의사들이 이 법안에 반대하는 모습은 '강간범인 주제에도 벌을 받지 않겠다'는 파렴치한의 이미지로 무한 도치되면서 '의사 악당'의 모습으로 굳어지게 됐다.

　여기에 더해 더불어민주당 강병원 의원이 파산 시에도 면허를 취소를 한다는 법안까지 제안했다. 2005년 민주노동당 노회찬 의원이 대표 발의한 파산 선고 등으로 인한 차별 해소 차원에서 개정된 법률안에 대한 정면 도전이었다. 2005년 이전에는 파산 후 면허까지 취소돼 취업 길조차 막혀서 자살하는 의사들이 늘고 있었는데 의사들은 민주당이 "의사자살방조법"을 입법해서까지 징하게 보복을 한다고 몸서리를 쳤다.

대한전공의협의회 자체 조사에서 69.5%가 '중범죄 의료인의 면허를 취소해야 한다.'고 답변했고, 반대의견을 낸 전공의들도 "중범죄의 범위가 모호해지면서 법안이 악용될 우려가 있기 때문"이라고 답변했건만 '강간·살인마 의사' 이미지는 무한 반복됐다. 어차피 이성과 논리는 중요하지 않았다.

최대집 의협 회장은 이 법안의 국회통과를 두고 코로나 접종 거부를 선언하면서 또다시 자충수를 반복했다. 누구에게도 도움이 되지 않는 소모적인 논란이 반복되는 가운데 결국 이 법안은 2021년 2월 26일 국회 법사위원회에서 계류됐다. 민주당은 "4월 재보궐선거를 의식한 것 아니냐"는 빈축을 샀다. 신뢰가 한 톨도 남지 않은 상황에서 비롯된 비극이었다.

파업 후 무더기 발의된 의료계 관련 법안 중에는『국민건강보험공단에 특별사법경찰권 부여』같은 법안도 있었는데 표면적으로는 사무장병원과 면허대여약국 단속을 위한다는 목적이었지만, 정부와 건강보험공단을 불신하는 의사들은 청구에 대한 환자의 단순 의심이나 착오 청구까지 처벌하는 수사권 오남용으로 이어질 것을 우려해 반대했다. 이 법안은 심사 없이 보류됐다.

정치가 갈등의 시작

9월 4일에 일단락된 집단행동의 기억도 희미해지고 각자의 생업으로 돌아가 다시 정신없는 나날을 보내고 있던 의사들에게 2020년 11월 한 장의 문서가 보건복지부로부터 날아들었다. 〈면허 미신고에 따른 면허효력정지 사전 통지 및 의견 제출 안내〉 공문이었다. 의료법 제25조에 따르면, 의료인은 3년마다 보수교육 등을 이수하고 복지부 장관에게 실태와 취업상황 등을 신고하도록 돼 있는데 면허신고를 하지 않으면 신고할 때까지 면허를 정지할 수 있다.

공문은 2020년 6월까지 신고하지 않은 의사들에게 발송됐다. 그런데 이 법안은 의료인 면허신고제가 시행된 2013년 이후 한 번도 발동된 적 없었는데 의사들은 이런 공문이 아니어도 보건소·국민건강보험공단 등에 이미 의사면허 등록과 별도의 신고를 하고 있었다. 의사들은 당황했는데 2020년에는 코로나19 때문에 많은 교육프로그램이 취소된 상황이어서 신속한 이수 평점을 얻기도 어려운 상황이었기 때문이다.

일선에서는 큰 혼란이 생겼고 의협에서는 며칠간 폭격을 맞은 듯 웹페이지와 전화가 불통되는 사태가 생겼다. 며칠이 지나 제정신을 차린 의협은 신고가 완료된 회원들에게 공지하며 혼란을 수습하기 시작했다.

7년이 넘게 잠자고 있던 법안을 왜 이 시점에 발동했을까? 신고를 안 한 사람들에게 공지를 하기 위한 것이라면 왜 신고기한 이전이나 기한이 지난 직후인 7월에 공문을 보내지 않고 기한으로부터 5개월이나 지난 11월에 그것도 면허정지 시한이 한 달 남았다면서 공지한 것일까? 그 사이에 이미 신고를 완료한 사람에도 면허 취소 공지를 보낸 것은 왜일까?

모든 의사의 머릿속에는 '보복'이라는 두 글자밖에는 떠오르지 않았다. '신고도 다 했는데 정지당하면 좀 쉬지' 하는 자조적인 반응을 보이는 의사들도 있었다. 보복이었을까? 우편비용으로 세금을 얼마나 낭비한 것일까? 언제까지 이런 소모적인 짓을 지속해야 하는 것일까? 정치비평가 박성민 씨는 "정치에 관한 훌륭한 정의 중 하나는 어젠다(Agenda)를 비어젠다(Non-Agenda)로 바꾸는 기술"이라고 했다.

"이슈가 될 것을 대화와 타협을 통해 이슈가 되지 않도록 하는 것이 정치다. 좋은 정치는 대중이 그 존재를 느끼지 못하도록 새벽에 쓰레기를 몰래 치우는 청소차 같은 것이다. 불행하게도 한국의 정치는 여름 대낮에 아파트단지에서 수박 파는 트럭처럼 시끄럽다. 정치가 갈등의 끝이 아니라 갈등의 시작이다."

어차피 진정성은 전혀 없이 레토릭과 표심으로 시작했던 정책의 말로는, 의사는 정부를 못 믿어 극단적인 대응을 하고,

정부는 의사를 악당으로 만들어 보복하고, 결과적으로 국민이 의사를 못 믿게 되는 끝없는 갈등의 무한 재생산이 됐다.

의사고시를 한 해 거를 때 일어나는 일들

전공의 파업은 종료됐으나 의과대학 학생들의 의사국가고시 시험거부는 진행형이었다. 많은 사람이 왜 의과대학생들이 단체행동을 할 때 꼭 동맹휴학 내지는 국가고시 거부를 들고 나오는지 묻는다. 전공의들의 집단행동이 업무 관련 파업이라는 개념으로 이해되는 반면, 학생들의 단체행동의 맥락을 이해하기는 쉽지 않다.

의대생들이 의사 인력을 배출하는 자격시험을 거부하면 궁극적으로는 한 해 의사가 배출되지 않아 의료인력 수급 문제를 야기하고 파업과 동일한 영향을 미치게 된다. 어떤 면에서는 파업보다 훨씬 파괴력이 큰 일인데 한 해 새로 들어오는 의사가 없어지게 되는 것은 이들이 층층시하의 맨 밑바닥을 깔아주는 대형병원들은 물론, 의사가 부족한 지방에서 군의관으로 필수인력을 땜질해 오던 정부의 '눈 가리고 아웅' 식의 그동안의 방식에 차질을 빚게 되기 때문이다.

과거에도 의사·한의사의 시험거부는 있었고 실제로 한의사들의 경우 한 해 한의사 배출이 이루어지지 않는 끝판까지 간 적도 있었다. 전체 수입 중 한약이 차지하는 비중이 80~90%에 이르는 한의사가 약사의 한약 조제를 허용하는 약사법 시행규칙 개정을 직접적으로 생존권을 위협하는 사태로 인식하면서 시작된 1·2차 한약분쟁에서 한의대생들은 수업거부와 집단유급으로 대응했고 4,561명이 대량 유급하는 사태가 빚어졌다. 이처럼 학생들의 집단행동은 자신들의 미래에 불이익이 닥칠 것이 확실한 일이 생길 때 그들이 구사할 수 있는 무기 중 하나다.

2000년 의약분업 파동 때도 학생들이 동맹휴업을 했지만 한의대생들이 주축이 됐던 한약분쟁과는 달리 그 당시 동맹휴업은 큰 파장 없이 끝났었다. 실질적인 유급 사태가 눈앞에 닥치자 의대생들 사이에서는 "우리가 무슨 잘못을 했기에 이런 피해를 봐야 하느냐?"는 투정이 나오기도 했다. 의대 본과 4학년 3,081명 중 62명을 제외한 3,019명이 국가고시를 거부했는데 한국보건의료인국가시험원(국시원)은 2001년 1월 9~10일로 예정된 의사국가고시 일정을 2월 17~18일로 변경하며 문제를 해결했다.

"요즘 의대생은 우리와 다르다"

그러나 이번에는 상황이 많이 달랐다. 의·정합의문이 조

인되고 선배 전공의들이 속속 병원으로 복귀하는 상황에서도 의대생들의 분위기는 달라지지 않았다. 의협 회장이 전공의 협의회의 의견을 무시하고 합의했고 그렇기 때문에 이런 식으로 가면 달라질 것이 아무것도 없다는 것이 주된 이유였다. 졸업 예정 인원의 93%가 의사국가고시(국시)를 거부하고 87%가 휴학을 결의한 당시 조승현 의과대학생협의회장은 거세지는 외부의 비판과 파업 종료에 대한 압력을 힘들어하며 다음과 같은 글을 올렸다.

『그간 안녕하셨는지요. 저희는 안녕하지 못했습니다. 오전부터 막막함과 답답함에 눈물이 흐릅니다. 학생들은 자유의지로 움직이고 있습니다. 조금 더 정확히 말하면 있었습니다. 지금은 위계가 높은 이들의 목소리에 두려움에 절어 그 의지를 상실해가고 있습니다. 대상이 당정청이 아니라 의료계 내부 구성원의 일부입니다. 이 움직임에 정말로 크게 흔들리고 있습니다. 내부 분열만큼 허무한 것은 없습니다. 외부의 적일 때는 척을 지고 싸우면 됩니다. 다만 그것이 피해를 받지 않고, 또 정책의 정상화와 학교로 돌아가자는 같은 목표를 바라보고 있는 서로가, 의료계에서 한 목소리를 내야 할 우리가 내부에서 반목하고 있습니다. (중략) 면허도 없는 저희가 1년을 불사해가며 밀려 나왔습니다. 이런 결연한 우리의 의지에 대해, 외부에서는 죽기로 했으면 죽어야지 안 죽냐는 질문이 돌아옵니다. 무엇을 위함입니까.

연대는 선동이 아닙니다. 벼랑 끝까지 밀려 나온 우리의 유일한 창과 방패입니다.

　자유의지로 모인 학생이, 오로지 서로에만 의지해 부둥켜안고, 외부의 공격에는 두 눈 질끈 감고 있는데, 우릴 도와주겠다며 그 손을 하나하나씩 게릴라로 풀어 헤치고 있습니다. 한목소리를 내어야 할 단체에서 이렇게 와해되는 이 상황은 정말로 안타깝다 못해 숨이 턱 막힙니다.』

　이때까지만 해도 학생들은 자신들의 단체행동이 가져올 파급효과를 잘 몰랐던 것 같다. 학생들의 집단유급이 현실화되면 전공의·개원의들의 파업보다 훨씬 큰 여파를 가져오는데 이들은 선배들의 동력이 사라져 가는 것을 괴로워하고 있었다.

　그러나 학생들은 국시 실기시험 마감인 9월 1일에도 단체행동을 이어가며 국시를 거부했다. 그리고 9월 4일 의·당·정 합의가 이루어지면서 보건복지부가 국시 응시 마감일을 9월 6일 12시로 연장해줬지만 국시 거부는 계속됐다. 결국 9월 6일 마감한 국시 실기시험에는 전체 응시대상자 14%에 불과한 464명만 응했다. (대전협 비대위는 9월 6일 전국수련병원 대표자총회를 통해 파업유보와 업무복귀를 결정하고 나서 다시 복귀를 유보했으나 결국 9월 8일 오전 7시를 기점으로 전공의와 전임의는 업무에 복귀했다.)

의료 인력의 80% 이상의 수급에 차질이 빚어지는 것은 평상시라도 매우 난감한 일인데 코로나 대유행을 앞두고 한치 앞도 예측할 수 없는 상황에서는 또 다른 위기의 시작을 의미했다. 그럼에도 불구하고 보건복지부는 '의대생들이 스스로 국시를 거부하는 상황에서 구제는 없다'고 했고 학생들은 학생들대로 '구제는 필요 없다'는 입장을 고수했다. 전공의들이 돌아왔지만 교수들은 다시 학생들과 다양한 대화의 장을 만들어야 했다. 이 때 많은 교수가 '요즘 학생들은 우리와 다르다'는 것을 느꼈다.

상당수의 학생들이 '이럴 바에는 그동안 쉬지도 못하고 살았는데 한 해 동안 삶을 조망해보는 것도 나쁘지 않다'는 입장이었는데 휴학을 인생의 큰 오점 정도로 생각하며 제때 학업을 마치는 것에 어떤 의문도 가지지 않았던 기성세대의 생각으로는 따라잡기 힘든 것이었다.

'헬리콥터맘'에서 '국시선발대' 누명까지

이들의 이런 가미가제식 대응에 당황하던 교수들과 병원 경영진의 황망함은 안중에도 없이 이번에는 시험을 거부하는 의과대학생들을 비난하는 다양한 목소리가 쏟아져 나왔다. 전공의 파업이 애당초 여론을 등지고 막무가내로 나선 결과였다.

청와대에 국시를 거부한 의대생들의 추후 구제를 반대하는 국민청원에 동의한 사람들 수가 57만을 돌파했다.

〈뉴스공장〉에서는 의협에 국시를 거부한 의대생의 일부 학부모가 '왜 의협이 정부와 여당의 국시 응시 연장 불가 방침에 입장을 밝히지 않고 국시 거부 의대생들을 보호하지 않느냐'고 항의 전화를 했다는 기사에 대해 '의대생이면 나이가 몇인데 부모가…'라며 조롱했다. 이른바 '전공의가족협의회'라는 것이 꽤 오래전부터 존재하고 전공의들의 수련 환경이나 진로 결정에 관여해 온 극단적인 '헬리콥터맘'의 사례가 있는 것은 사실이다.

어떤 교수는 전공의가족협의회의 일화를 소개하며 "지시한 일을 제대로 해놓지 않아 꾸짖었더니 다음날 부모가 교수실로 찾아와 다짜고짜 항의하더라"고 한탄했다. 하지만 전공의가족협의회는 군대식 의료계 문화 속에서 조직에 속한 자녀가 이에 저항하기에는 한계가 있다는 입장으로 어느 상급자가, 몸이 아파 제출한 병가계를 찢어 전공의 얼굴에 던진 사례를 들기도 한다. 우리 사회의 빠른 변화를 따라잡지 못하는 병원 문화의 전근대성에서 빚어지는 갈등의 소산이라 보아야 할 터인데 이런 맥락을 생략한 채 전체 의대생에게 부모 치맛자락에서 못 벗어나는 '사회적 지체아' 이미지를 덧칠한 것이라고 할 수 있다.

의대생들에 대한 비난은 '국시선발대' 논란에서 최고조에 달했다. 〈댓글 읽어주는 기자들〉에서 김기화·정연욱 기자는 국가고시 실기시험에서 먼저 시험을 본 사람이 뒤에 시험 볼 사람에게 문제를 조직적으로 유출하는 것이 관행인데 이번 단체행동으로 이런 부정행위가 가능하지 않아 국시를 볼 수 없게 돼서 거부하는 것이라는 논조를 폈다. 의대생들이 단체/집단행동을 감행하는 동안에 나왔던 최악의 보도였다. 화제가 된 국시 실기시험은 국시원 홈페이지에 이미 문제가 전부 공개돼 있다. 모의환자를 대상으로 진료를 수행하는 CPX(Clinical Performance Examination) 54개 항목과 술기를 수행하는 OSCE(Objective Structured Clinical Examination) 32개 항목 등이 그것이다. 문제를 먼저 본 사람이 '유출'하는 것이 아니라 이미 '유출'돼 있는 문제로 시험을 보는 것이다. 다만 시간과 관리 인원이 많이 소요되는 실기시험의 특성상 하루에 시험을 다 볼 수 없어 대상 인원을 여러 날로 나누어 보게 돼 있다.

2000년 의약분업 파동 때는 실기시험 없이 필기시험만으로 국시를 치렀기 때문에 한 번의 연기만으로 문제가 간단히 해결됐지만 2020년에는 실기시험 일정을 원활히 조정하는 것이 불가능했기 때문에 시험 일정을 쉽게 연기할 수 없었다.

물론 성적이 우수한 학생들이 먼저 시험을 보는 경우가 많고(이들을 '선발대'라 부른다.) 이들이 시험을 보고 나와 전체적인 분위기 (예컨대, 모의환자가 있었는지 마네킹이 있었는지 등)을 게시판에 올리고 자신이 치른 문항을 공개하기도 한다. 어차피 이때 공개되는 문항은 국시원에 공개된 문항과 동일하다. 그리고 다음에 시험을 보는 학생들은 완전히 다른 문항(그러나 역시 국시원에 공개돼 있는 문제)로 시험을 치른다. 다만 문제가 공개돼 있어도 자신이 어느 문제로 시험을 치를지는 모른다. 실기시험을 준비하면서 기본적으로 모든 문제에 대한 준비를 하지만 연필로 답을 찍는 단순한 시험이 아니기 때문에 같은 문제를 받더라도 점수는 수험자마다 달라진다.

    수험자는 몇 개의 방으로 나누어진 시험 장소에서 정해진 시간에 각 방에 있는 모의 환자를 진료하면서 진료 기술에 대해 점수를 부여받는다. 예를 들면 환자가 "가슴이 아픈데요" 하면 그 환자를 제대로 진단하기 위해서 나머지 필요한 부분은 수험자가 채워 가야 한다. 수험자마다 조금씩 다른 답이 나올 수밖에 없는 것이 국시 실기시험이다. 이런 성격의 시험에서 부정행위를 하려면 아마도 누군가가 수험자를 투명 망토를 쓰고 따라 다니며 "여기서는 이런 말을 해야 해", "저기서는 이런 수기를 해야 해" 하고 계속 가르쳐 주어야 할 것이다. 이처럼 물리적으로 부정행위가 가능하지 않은 시험에 대해 이들은 '부정행위를 못하기 때문에 국시를 거부한다'는 결론을 유도하며 학생들을 부정 시험을 일삼는 쓰레기로 싸잡아 매도했다. 정연욱 기자는 2016년 이정현 녹취록 사건 때 KBS의 침묵을 비판하는 칼럼을 한국기자협회 홈페이지에 게재했고 국회 패스트트랙 몸싸움 때 한국당 '정의로운 투쟁', 민주당 '혹세무민' 비판이라고 나온 〈KBS 9뉴스〉를 비판하면서 '잠깐' 정의로운 기자 노릇도 했었다.

당시 학생들의 생각이 무엇이었는지를 일괄적으로 말할 수는 없다. 학생들과 대화했던 교수들은 학생들로부터 다양한 말을 들었다.

"의료에 대한 전문성이 전혀 없는 사람들이 어떻게 그렇게 함부로 전후맥락 없이 한 집단을 악당으로 몰아가며 몰매를 치는지 두렵기까지 하다"

"우리가 도대체 살면서 무엇을 그렇게 잘못했기에 살아온 삶까지 싸잡아서 모욕을 당하고 욕설이란 욕설은 다 들어야 했는지 허탈할 뿐이다"

"어차피 마음은 비웠다. 삶에서 1년을 멈춰보는 것이 나쁜 것 같지는 않다. 다른 일로 삶을 충전하고 돌아올 테니 2020년 우리가 무엇에 분노했고 어떻게 우리 삶을 희생해 목소리를 냈는지만 잊지 말아 달라"

이런 상황에서 교수들은 학생들에게 시험을 쳐달라는 말도 할 수 없었다. 그들은 성인이고 자신의 삶을 결정할 지혜가 있기 때문에 스스로 결정해야 했고 다만 여론과의 괴리는 최대한 봉합하려 했지만 이미 너무 많은 상처를 입은 후였다.

"롤러코스터 한번 타봅시다"

국시 미응시에 의한 대량 결원 사태가 현실화된 상황에서 교수들이 할 일이 무엇인가에 대해 다시 격론이 오갔다. 다양한 루트를 통해 재시험을 칠 수 있게 해야 한다는 의견이 지배적이었지만 학생들이 자포자기하고 작금의 의료 현실의 한계가 드러난 상황에서 아예 판을 갈아엎을 방안을 생각해야 한다는 의견도 있었다.

"한 해 의사가 배출되지 않으면 대학병원들은 운영에 큰 차질이 생길 수밖에 없습니다. 그러나 지금 이 상황에서 우리가 교수로서 해왔던 행태는 과연 대학병원의 본분에 맞는 것이었는지 자문해 봐야 할 것 같습니다. 1차의료기관에서 보아야 마땅한 경증환자까지 모두 싹쓸이해 환자 머릿수 많은 교수로 병원에 큰 소리 치는 것이 대학교수의 본분은 분명 아닐 것입니다. 미래 의사들이 이렇게 위기의식을 느끼게 만든 것은 정부에만 책임이 있는 것은 아니라고 생각합니다. 냉정하게 경증환자는 모두 1차의료기관으로 돌려보내고 지금 보는 환자 수의 반으로 유지하는 것이 좋겠습니다. 사실 대학병원에 꼭 와야 하는 환자인지를 묻는다면 반도 많지만 반만 줄이는 것도 엄청난 혼란이 있을 일이어서 일단 반으로 줄이는 것을 목표로 월급이 깎일 각오도 하고 모두 한번 롤러코스터를 타봅시다. 그 엄청난 혼란 속에서 정말 현실에서 무엇이 잘못됐는지를 정부·국민·의사들 모두 깨닫고 공감대를 만들 기회를 만들었으면 좋겠습니다. 그것만이 학생들의 희생에 교수들이 호응하는 방법일 것 같습니다"

물론 소수 의견이었다. 물밑 작업은 정부에서 먼저 시작됐다. 정치꾼들이 "의대생 사과"를 운운하며 목소리를 높이고 있었지만 실무 담당자들에게는 당장에 대규모 결시 사태가 불러올 파장이 발등에 떨어진 불이었다. 교수들과 국시원장은 국민권익위원회 전현희 위원장과 회동하고 대량 결원 사태를 막을 방안을 고심했다.

9월 24일, 학생들은 추가 시험에 응시할 의사를 밝혔다.

어이없는 대리사과…삼전도의 굴욕?

그런 와중에 10월 8일 김영훈 고려대의료원장은 서울 광화문 정부청사에서 발표한 대국민사과성명을 통해 "코로나19로 힘든 시기에 심려를 끼쳐드려 송구하다"며 "의대생들이 미래 의사로서 국민 곁을 지킬 수 있도록 국가고시 기회를 허락해 주시기를 간절히 바란다"고 밝혔다. 또 "(내년에) 당장

2,700여 명의 의사가 배출되지 못하는 상황은 심각한 의료공백"이라며 "국민 건강을 책임지고 있는 의료인으로서, 선배로서 깊이 반성하고 있다"고도 했다. 이 자리에 같이 있던 김연수 서울대병원장, 윤동섭 연세대의료원장 등 주요 대학병원장들도 함께 참석해 머리를 숙였다.

이 일은 대한민국 의료계의 헤게모니를 쥐고 있는 사람들의 현실 인식 수준을 보여주는 어처구니없는 대리사과였다. 의료원장이나 병원장은 학생들이 인턴과 전공의가 됐을 때 근무하는 병원 조직에서 사용자의 최고 위치에 있는 사람들이다. 당장 대량 결원에 의한 병원 경영에 문제가 생길 때 큰 문제를 감당해야 하는 위치에 있다. 그렇다면 이들은 정부에 그 해결책을 강력히 촉구하고 미래의 노동자인 학생들과 협상하는 방식으로 사태를 풀었어야 했다. 한 교수는 이 사태를 두고 이렇게 풍자했다.

"노조가 파업을 했는데 전경련이나 경총 대표자가 대신 사과한다면 얼마나 이상한 일일까요? 근로자들이 자격시험을 보지 않겠다는데 전경련이나 경총의 대표자가 근로자들이 자격시험을 못 봐 인력이 충원이 안 되면 큰일 나니 자격시험을 보게 해달라며 대신 국민에게 사죄한다면 이 얼마나 황당한 일인가요?"

그동안 대형병원들은 무한경쟁의 선두에 서서 자신들의

몸집 불리기와 교수들을 상대로 하는 혹독한 인센티브 체제를 가속화하며 의료전달체계를 망가뜨리는 데 기여해 왔다. 의사 증원 정책에 대해 병원협회는 찬성의견을 냈고, 당장 전공의들로부터 "얼마나 더 사람을 혹독하게 부려먹고 싶으면 여기에 찬성하느냐?"는 비난을 받기도 했다.

젊은 의사들이 의료 현장에 나가 일해야 하는 일터인 1차 의료기관들을 고사시키는데 앞장서 온 대형병원의 수장들이 더 이상은 이렇게 못 살겠다는 젊은 의사들의 목소리를 얼마나 제대로 들었는지 의문이 드는 상황이었다. 이 사태를 두고 봉직의 협의체인 대한병원의사협의회는 '삼전도의 굴욕' 포스터를 만들었다.

의대생 본과 4학년 대표는 의협에서 열린 비상연석회의에서 선배 의사들의 관심과 노력에 감사를 표하면서도, 대리사과 부분에 있어서는 자제를 요청했다. 의사 국시 문제 해결을 위해서는 학생들의 입장을 우선해야 한다는 이유에서였다.

영문을 모르는 일반인들 사이에서는 자신의 문제도 해결 못하고 병원장 뒤에 숨어 이익을 챙기는 '미숙아 의대생'이라는 이미지가 다시 확대 재생산됐다. 박능후 보건복지부 장관은 대리사과를 두고 "진심어린 사과이겠지만 국민 여론을 고려할 때 재시험은 불가능하다"고 발언해 상황은 더 꼬여가고 있었다. 10월 14일 리얼미터 여론조사에서 응답인의 과반수인

대한병원의사협의회의 '삼전도의 굴욕' 포스터

52.2%는 "구제 반대"에 응답했다.

 사태의 실마리를 가져온 것은 코로나 사태였다. 학생들의 사과를 요구하며 '재시험 불가' 입장을 밝히던 정부는 10월 내내 100명대 확진자를 보이던 코로나 감염이 11월 들면서 상향 추세를 보이자 다급해졌다. 병원장들이 사과까지 했지만 오히려 사태가 악화된 가운데 의협과 국립대 병원장들은 더 이상의 개입이 무의미함을 천명했고 의대생들이나 교수들은 대량 결원을 현실로 받아들이고 사태 수습 방안을 고민하던 상황에서 정부 측에서 재시험 발언이 솔솔 새어나오기 시작했다. 대량 결원 사태가 현실화된다면 정권을 공격하기 좋은 빌미가 된다고 판단한 언론들도 다시 분주해졌다. 구자룡 〈동아일보〉 논설위원이 쓴 〈인턴 87% 공백… 방치된 '의료대란 시한폭탄' 누가 멈추나〉를 보자.

『의대생 실기시험 재응시를 두고 첨예하게 대립하는 입장이 좁혀지지 않은 채 시간만 흘러가고 있다. "의료대란의 초강력 태풍을 눈앞에 두고 시간을 낭비해서는 안 된다"(10월 성균관대 의대 교수들 성명)는 절박한 호소가 무색하다. 코로나19 재확산으로 방역 최전선의 의료진 확보가 시급한 가운데 누구도 책임 있게 나서지 않고 있다. 이탈리아는 졸업 예정인 의대생에게 의사시험을 면제하고 8·9개월 일찍 진료 업무를 시작하도록 했다. 방역전쟁에 마치 '의료학도병'을 투입하는 듯한 이런 긴박한 분위기와는 대조적이다.

코로나19 확산으로 수도권은 8일부터 2.5단계로 격상했고, 경찰에 을호 비상경계를 발령했다. 체육관 임시시설이 필요하다는 이야기가 나온다. 바야흐로 비상이다. 타국에 비해 백신 확보도 늦어 '국민적 방역과 의료진의 분투'로 상당 기간 버텨야 한다. 중환자 시설이 있어도 의료 인력 부족으로 치료를 하지 못할 수도 있다는 우려가 나오고 있다. 이런데도 2,700여 명의 의대생이 의사면허증이 없어 지켜보고 있어야만 하는 것은 비정상적인 상황이다.

재응시 문제가 풀리지 않아 인턴 배출이 한 해 늦어지면 우선 내년 3월부터는 의료 현장에서 의사가 부족해진다. 그런 데다 내후년에는 레지던트를 뽑을 인력이 없어 전공의 공백이 시작된다. 한 해 채우지 못한 그 공백은 레지던트 과정 4년간 연차가 올라가며 계속된다. 전공의 한 해 결손의 여파는 군의관 보충 차질로까지 연결된다. 전공의 파업으로 3차의료기관의 응급실에 가지 못해 병원을 옮겨 다니다가 증세가 악화되거나 목숨을 잃었다는 보도도 나왔다. 그런데 한 해 의사가 배출되지 않으면 2000명 이상의 전공의가 4년간 파업하고 있는 것과 같은 상황이 빚어진다.』

의대생들은 코로나 일일확진자 수가 심상치 않게 늘어나자 코로나 선별진료소 자원봉사를 시작했다. 더 이상 자존심 싸움을 할 여유가 없는 심각한 상황이었다. 12월 20일 정세균 총리로부터 처음으로 의대생 국가고시 구제 발언이 나왔다. 더 이상 '사과'라는 레토릭은 나오지 않았다. 또다시 공정성과 절차의 정당성에 대한 논란이 불거져 나왔지만 코로나 일일 100명대인 시점과는 그 논란의 양과 질은 더 이상 같지 않았다. 결국 12월 31일 정부는 2021년 1월과 2월에 2차에 걸친 국가고시 실기시험을 실시하기로 발표한다. 그 와중에도 언론플레이는 멈출 수 없었는지 1월 6일에 어느 모로 보나 쇼에 가까운 〈JTBC〉 토론이 방영된다. 의사 양성 과정에 대한 지식은 전혀 없는 것이 명백한 수준의 4명의 정치인이 더불어민주당 2명과 국민의힘 2명, 남·여 각각 2명으로 구색을 맞추어 등장했다. 남자(이재명·원희룡) 두 명은 국시 구제 반대, 여자(황보승희·고민정) 두 명은 찬성 입장을 표명했다. 방송을 본 교수들은 모두 정치인들의 얄팍함과 무식함에 혀를 찼다.

결국 1월 23일부터 2월 18일 사이 시험을 치르지 않았던 2,700명은 다시 실기시험을 보게 된다. 정부는 물론 이들에게 보복을 했다. 병원들의 1차 인턴 모집은 1월 23일 이전에 시작됐는데 여기에는 이전 2020년 시험에 합격한 423명만 지원할 수 있었다. 정부는 1차 인턴 모집 정원을 1,200명으로 정해 주었는데 이는 응시자 수의 300%에 가까운 것으로 1차시험에 응시한 사람들은 어디든 원하는 병원에 합격할 길을 열어 준 셈이었다. 물론 불합격자는 그래도 있었다.

2020년 국시에 응시했던 소수의 학생들은 유급 등 여러 이유로 당해 시험을 치지 않으면 안 되는 상황에 몰린 학생들이 대부분이었기에 2021년에 소위 '구제' 후에 시험을 치르게 되는 학생들과 성적의 편차는 있었던 것으로 알려져 있다. 정부는 시험을 거부했다가 재시험을 치르는 학생들을 대상으로 하는 인턴 정원은 2,000명으로 고정해 버려서 2,700명의 재수험생이 '피터지는' 경쟁을 하도록 만들었다. 더욱이 1차 인턴 모집에서 성적이 나쁜 사람들이 지원해 인턴을 뽑지 않을 경우에 이미 배정된 모집 정원은 그대로 사라지게 했고, 2차 인턴 모집에서는 더 이상 충원을 할 수 없게 만들었다. 또한 2차 국시에 낙방한 사람은 2021년도 가을 국시를 못 보게 함으로써 보복은 2중으로 가해졌다.

2월 18일까지 실시된 제86회 상반기 의사국가시험 실기시험은 전체 2,709명의 응시자 중 2,643명이 합격해 97.6%의 합격률을 기록했다. 97.6%는 최근 5년 새 가장 높은 수치였고 시험 거부 기간이던 2020년에 치러진 제85회 시험 합격률과 비교하면 11.3%p 높았다.

대한민국에서 의사로 산다는 것

박형욱(단국대 의대 교수)

의사 특권?

우리나라의 의사들은 고달프다. 의사 한 명이 맡아야 하는 환자 수는 정책입안자들이 기준으로 삼는 OECD 선진국들에 비해 압도적으로 많다. 그것은 뿌리 깊은 정책의 문제에 기인하고 그 정도의 무지막지한 노동량을 감내해야 수입을 낼 수 있다. 결과적으로 우리나라 의사들은 환자와의 긍정적인 관계를 형성하기 어려운 짧은 진료시간과 이로 인한 불신과 비난까지 한 몸에 지는 고충을 겪어 왔다.

언론에는 '의사들이 특권주의에 물들었다'는 표현이 심심찮게 등장한다. 가령 2020년 9월 20일 〈한국일보〉 기사의 제목은 '위력 과시 파업·특권주의 물든 홍보… 의사들에 등 돌린 여론'이다. 이 기사에는 이른바 전문가들이 등장해 아래와 같이 주장한다.

"전문가들은 코로나19 확산이라는 엄중한 시기에 파업을 벌인 것도 문제지만, 대안 없이 자기주장 관철만 내세우는 점을 원인으로 꼽았다. 정형준 보건의료단체연합 정책위원장은 '의사도 파업할 권리는 갖지만 환자의 목숨을 담보로 하는 집단행동을 하기 위해서는 대안과 명분이 분명해야 한다'며 '하지만 지금 의사들은 여론의 지지나 정부 정책에 대한 대안도 없이 자신들의 위력만 과시하고 있다'고 말했다"

많은 국민은 '우리나라 의사들이 특권주의에 물들었다'는 언론의 주장에 쉽게 동의한다. 언론은 이런 여론에 기대어 또 의사특권주의를 반복해 강화한다. 국민이나 언론의 주장에도 나름의 근거는 있을 것이다. 의료기관을 이용하면서 겪는 불편함이나 인격적으로 존중받지 못했다는 경험은 이런 주장을 사실로 격상시키기도 한다.

그런데 이런 주장은 객관적으로 검증해 볼 필요가 있다. 가령 '사회주의의료'라는 영국의 의사와 우리나라 의사는 어떤 권리를 누리고 있는 것일까? 영국 의료는 NHS(National Health Service)라는 국영의료체계를 중심으로 하고 있는데 '사회주의의료'라 불릴 정도로 의료에 대한 국가의 개입이 크다고 알려져 있다. 우리나라의 상당수 진보적 보건의료 학자들은 영국

의료를 우리가 지향할 모델로 상정해 왔다.

영국 의료를 경험한 일반인들의 이야기는 많지만 의사로서 영국 의료와 우리나라 의료를 체험한 사람은 많지 않다. 박현미 전 재영한인의사회장은 드물게 의사로서 영국 의료와 우리나라 의료를 경험한 사람이다. 두 살 때 가족과 함께 이민한 그는 영국 버밍엄의대를 졸업했고 노팅엄대학병원에서 외과전문의로 재직했다. 그는 2019년 연수 목적으로 우리나라에 와서 한국 의료를 경험한 후 영국 의료와 비교한 비판적 견해를 밝혔다.

"영국의 국민의료서비스(NHS)는 매년 7조 원 정도를 들여 의사·약사·간호사 등 모든 의료진의 수련을 지원하는 데 반해 한국에서는 부모가 다 내거나 대출을 받아야 한다"(〈데일디메디〉 2020. 8. 30, "한국 의료시스템, 지속 불가")

"한국 의사의 수련 환경이 너무 좋지 않다. 너무 힘들게 일하고 있다. 주 80시간 근무가 정해져 있다고 하지만 외과는 3년간 수련한 뒤에도 계속 펠로우로 근무할 수밖에 없다. 영국에서는 1년에 6주 휴가를 받고 주당 48시간을 일했지만 한국에서 와서는 120시간이나 일해야 했다"

"영국에 있는 친구들이 내게 물었다. 의과대학 교육 돈은 누가 내냐? 한국에서는 부모가 낸다. 그러면 트레이닝(전문의 수련)은 누가 돈을 내나? 민간병원(private hospital)에서 트레이닝을 시킨다. 그러고 나서 병원은 누가 짓나? 융자 받아 자기가 짓는다. 그러면 수가는 왜 정부에서 정하느냐? 그게 되게 이상하다고 생각을 해요"

"영국에서 트레이닝은 정부에서 다 시켜주고 나서 국가병원에서 일을 하되 교수(스페셜리스트)가 되면 가정의학이나 병원의 1·2·3차 다 자유롭게 민간병원에서 겸직할 수 있어요. 약 50%의 저희 교수님들은 민간병원에서 1주일에 이틀 정도 일을 하고 나머지는 공공병원에서 일해요. 민간병원에서 수가는 자기 맘대로 정하는 거예요. 공공병원에서 대장내시경검사가 공짜면, 민간병원에서는 한국 돈으로 300만 원이에요"

박현미 전 회장의 발언에는 우리나라 의사들이 상식 수준에서 언급하는 내용이 포함돼 있다. 거기에는 우리나라 의사들이 특권을 요구하는 게 아니라는 것을 알려주는 상당한 논거가 있다. 이른바 '사회주의의료'라는 영국 의료에 익숙한 사람조차 우리나라 의료에 심각한 결함이 있다고 느끼는 것이다. 그 결함을 요약하면, 우리나라의 의료는 정합성이 없다고 표현할 수 있다. 앞뒤가 맞지 않는다는 의미이다. 반대로 영국 의료는 사회주의의료라고 하지만 정합성이 있다는 것이다. 앞뒤가 맞는다는 의미이다.

영국은 막대한 공공재원을 투자해 공적 의료체계를 운영한다. 2018년 영국 NHS 예산은 약 226조 원이다. 공적 의료체계를 운영한다는 명분으로 의사에게 다른 영국 국민이 부담하지 않는 책임을 지우지 않는다. 반면 우리나라 의료는 공적 의료체계를 운영하기 위해 다른 국민에게 지우지 않은 책임을 의사에게 지운다. 2019년 우리나라 보건의료예산은 약 2조 6,000억 원이며 건강보험재정까지 합친 보건예산은 약 11조 6,000억 원이다. 이에 예산이 아닌 건강보험 재정 70조9,000억 원을 합치면 82조5,000억 원 정도다. 두 나라의 경제 규모의 차이를 감안하더라도 현저히 낮은 재원이다.

공적 의료체계가 제대로 작동하기 위해서는 영국처럼 공공 재원을 충분히 투여해 운영해야 한다. 공공 재원을 충분히 투여하지 않고 의사와 민간의료기관에게 그 짐을 지우면 공적 의료체계가 제대로 작동할 수 없다. 그리고 많은 부작용이 발생한다. 그럼에도 그 부작용에 대한 비난을 의사와 의료기관에 돌리면 끝없는 규제의 악순환이 발생한다. 박 전 회장이 영국과 우리나라의 의료를 경험하고 밝힌 안타까움은 여기에서 시작한다.

아래에서는 의료 분야의 핵심적 주제를 중심으로 우리나라의 평범한 의사들이 하는 이야기들이 과연 특권적 권리를 주장하는 것인지 검토해 보자. 주로 영국 의료와 비교하되 필요하면 미국·독일·프랑스·일본 의료 사례도 덧붙인다.

환자가 원해도 불법의료행위가 되는 나라

　일반인들은 우리나라 의료의 독특성을 잘 모른다. 우리나라 건강보험법에 따르면, 요양기관에서 제공하는 의료는 '급여의료행위'와 '비급여의료행위'로 구별한다. 건강보험에서 진료비를 지원하는 의료행위를 '급여의료행위'라 한다. 성형수술처럼 건강보험에서 진료비를 지원하지 않는 의료행위를 '비급여의료행위'라 하는데 특히, '법정비급여의료행위'라는 용어를 사용한다.
　그런데 현실에서는 급여도 법정비급여도 아닌 수많은 비급여의료행위가 발생한다. 정부는 이를 '임의비급여의료행위'라 부르며 우리나라 건강보험법의 해석상 임의비급여는 불법의료행위로 간주한다. 그런데 이런 일반적인 설명만으로는 우리나라 국민에게 임의비급여의 독특한 특징을 제대로 설명해 주지 못한다.
　과거 한 대학교수와 의료제도를 논의하다 임의비급여 이야기가 나왔다. 그 교수에게 "우리나라에서는 안전하고 유효한 의료행위지만 보험급여가 안 되는 경우가 있는데 환자가 자기 돈으로 그 치료를 받기 원해도 의사가 그걸 해주면 위법이다"고 설명해 주었다. 그 교수는 세상에 그런 법이 어디 있느냐며 황당해 했다. 교수라면 그래도 지식인에 속하지만 우리나라 의료제도의 독특성을 잘 모르는 것이다.

그 교수가 황당해 한 것은 '국가가 개인의 권리를 그렇게 부정할 수 있는가?' 하는 의문 때문일 것이다. 임의비급여에는 여러 종류가 있다. 오래 전 소아전문병원에서 인턴으로 일할 때였다. 거의 30년 전 이야기지만 현재 우리나라 의료제도의 특징을 이해하는 데 도움이 될 것 같아 소개한다. 그때 인턴이 하는 일 중 하나는 환아가 입원하면 가족에게 근처 약국에 가서 "특수바늘 사오세요" 하고 요청하는 것이었다. 아주 어린 아기들은 정맥주사 놓을 혈관을 팔에서 찾지 못한다. 혈관이 주사를 놓을 만큼 발달하지 않았기 때문이다. 그래서 머리정맥을 이용한다. 그 어린 아기들의 작은 머리혈관에서 정맥주사를 놓고 연결하는 간호사들의 기술은 신기에 가깝다. 그런데 아기들의 머리가 둥글어 철로 만든 값싼 '나비바늘'을 사용할 수 없다. 철은 곧고 딱딱하기 때문이다. 바늘이 플라스틱 재질로 휘어지는 '빈카니들'을 사용해 정맥주사를 놓고 연결해야 한다. 이 바늘을 환자 가족이 알아듣기 쉽게 '특수바늘'이라고 부른 것이다.

문제는 이 특수바늘은 하루 1개까지만 보험급여가 된다는 점이다. 그런데 환아를 치료하다 보면 정맥주사를 새로 연결해야 하는 일이 발생한다. 이때 의사의 선택지는 세 가지다. 규정에 따르면 특수바늘은 하루 1개밖에 사용하지 못하니까 혈관이 찢어지든 말든 철로 만든 나비바늘을 사용하는 것이다. 이것은 의사가 할 짓이 못 된다. 다른 방법은 환아(가족) 부담으로 특수바늘을 비급여로 사용하는 것이다. 그러면 '임의비급여'가 돼 불법의료행위로 간주한다. 어쩔 수 없이 인턴이 환아 가족에게 "특수바늘 사오세요" 하고 그걸 모아두었다 필요할 때 사용할 수밖에 없다.

이렇다 보니 '임의비급여'라는 말에는 부정적 의미가 내포돼 있다. 임의비급여 현상은 우리나라에만 있는 것은 아니다. 임의비급여는 사회보장 진료 밖의 의료행위를 어떻게 취급할 것인가의 문제를 의미한다. 어느 나라든 건강보험 예산에는 한계가 있을 수밖에 없고 모든 의료행위를 건강보험에서 부담할 수도 없다. 비싼 의료장비나 기구·의료재료가 계속 시장에 출시되기 때문에 사회보장 진료 밖의 의료가 발생하게 마련이다.

임의비급여는 넓게는 '민간의료'와도 관련돼 있다. 우리나라에서는 민간의료·공공의료란 용어를 사용하는데 의료기관의 소유 주체를 기준으로 분류하는 개념이다. 하지만 서구의 의료정책 학계에서는 재원(fund)의 성격에 따라 '민간의료'와 '공공의료(public care)'를 구별한다. 영국의 NHS에서 1차진료의인 일반의사(GP)는 대부분 우리나라 개업의와 마찬가지로 자영업자에 해당한다. 하지만 이들이 제공하는 의료는 '민간의료'가 아닌 '공공의료'로 부른다. 왜냐하면 일반의사(GP)가

NHS와 계약을 맺고 공적자금을 지원받아 제공하는 의료이기 때문이다. 이 기준에 따르면 우리나라 개업의들이 요양기관강제지정제 하에서 제공하는 의료는 '공공의료'에 해당한다.

　박현미 전 회장의 글에도 일부 언급돼 있지만 영국 의료체계에서 '민간의료'는 다양한 형태로 존재한다. 우선, 아예 NHS와 무관하게 '민간의료'를 제공하는 의료기관들이 존재한다. 그리고 이들이 환자에게 받는 진료행위 보수는 환자와의 계약을 통해 자율적으로 결정된다.

　영국 '민간의료'의 두 번째 범주는 NHS에 근무하는 전문의(consultants)가 근무 시간 외에 자신의 개인 의원이나 '민간병원'에서 '민간의료'를 제공하는 경우다. 예를 들어 박현미 전 회장이 근무한 의료기관의 교수(스페셜리스트)들의 약 50%는 1주일에 이틀 정도 '민간병원'에서 환자 진료를 했다고 한다. 영국 '민간의료'의 세 번째 범주는 NHS병원 자체에서 별도의 고급 병동을 운영하면서 '민간의료'를 제공하는 경우다.

'사회주의의료'라는 영국 의사보다 자유가 없는 한국 의사들

우리나라에서는 요양기관강제지정제 때문에 모든 의료기관은 건강보험 환자를 진료해야 한다. 다시 말해 건강보험체계와 분리된 '민간의료(private care)'가 아예 존재하지 않는다. 의사들이 이런 진료를 제공하고 싶어도 영국과 달리 불법이다. 국립대학병원은 물론 사립대학 병원 교수들도 별도의 개인클리닉을 운영하거나 다른 민간병원에서 진료하는 것은 불법이다. 병원에서 1인실이나 특실을 운영할 수 있지만 병실료 차이만 있을 뿐 다른 진료는 건강보험진료와 동일하다.

우리나라에서 '민간의료'는 법령으로 철저히 차단돼 있다. 유일하게 법정비급여만 합법적인 '민간의료'로 인정받는다. 이 범주에서 벗어난 의료행위, 즉 건강보험에서 급여를 주지 않는데 환자와의 계약에 따라 제공하는 의료행위는 '임의비급여'로 불법의료행위로 간주한다. 사회보장 밖의 진료행위를 불법으로 만들어 놓은 것은 우리나라 의료의 독특한 점이다. 미국·독일·프랑스는 물론 영국도 이런 의료를 무조건 불법의료로 취급하는 법은 없다.

'사회주의의료'라는 영국에서조차 의사는 환자와 자율적으로 진료계약을 맺고 '민간의료'를 제공할 권리가 인정된다.

환자 입장에서 보면 자신의 부담으로 선택해 진료를 받을 권리가 인정되는 것이다. 그러나 우리나라 의료제도는 그것을 '임의비급여'라며 불법으로 만들어 놓았다. 그래서 안전하고 유효한 의료행위인데도 보험급여가 안 되는 경우가 있는데 환자가 자기 돈으로 그런 치료를 받기 원해도 의사가 그걸 해주면 위법한 행위가 된다.

물론 사회보장 진료 밖의 의료행위가 너무 많아지는 것은 바람직하지 않다. 그 문제를 근본적으로 해결하는 방법은 건강보험료를 충분히 걷어 다양한 의료행위를 건강보험에서 제공해 주는 것이다. 2018년 우리나라 건강보험료율은 6.24%에 불과하다. 그러나 2016년 프랑스의 건강보험료율은 13.8%, 독일의 경우는 15.5%나 됐다. 우리나라 건강보험료율은 독일이나 프랑스의 절반이 안 된다. 절대액이 아닌 건강보험료율이기 때문에 실제 건강보험재정은 엄청난 차이가 날 수 있다. 우리나라에서 사회보장 진료 밖의 의료행위가 많아질 수밖에 없는 구조다.

그런데 우리나라에서는 이런 구조적 문제 때문에 발생한 비급여의료행위를 임의비급여로 불법화해 놓은 것이다. 이런 구조는 환자에게는 선택권을 제한하는 것이고 의사에게는 양질의 좋은 의료를 제공해 소득을 높이려는 행위를 부정하는 것이다.

요양기관강제지정…의료 왜곡의 근본 틀

　임의비급여같이 환자의 선택권을 제한하면서 동시에 의사의 진료행위를 제한하는 것이 가능한 이유는 우리나라 의료가 이른바 '요양기관강제지정제'라는 틀 속에서 운영되고 있기 때문이다. 의사는 의료법에 따라 면허를 받고 의료기관을 운영한다. 의료기관에는 의원·병원·종합병원 등이 있는데 국민건강보험법에는 '요양기관'이라는 용어가 사용된다. 요양기관은 건강보험의료를 제공하는 의료기관이나 약국을 의미한다. 이처럼 원칙적으로 의료법상의 의료기관과 국민건강보험법상의 요양기관은 구분되는 개념이다.

　의사는 의료법에 따라 면허를 받고 다양한 의료행위를 제공하는데 이러한 의료행위 중에 비용효과적인 의료행위를 건강보험에서 지원한다. 이것이 급여의료행위다. 예컨대, 충수돌기절제수술은 건강보험법상 급여의료행위이고 쌍꺼풀수술과 같은 미용성형은 비급여의료행위다. 의료법과 국민건강보험법은 구별되고 의료법상의 의료기관과 국민건강보험법상의 요양기관은 구분된다. 그런데 우리나라 건강보험법은 의료법상의 의료기관은 모두 국민건강보험법상 요양기관으로 규정해 놓았다. 이를 '요양기관강제지정제'라 한다. 미국·영국·독일·프랑스·일본 등 어떤 나라에서도 이런 제도는 없다. 이 제도는 민간인을 본인의 의사와 무관하게 국가적 사업에 강제 동원하는 것이기 때문이다. 그런데 헌법재판소는 두 차례에 걸쳐 이 '요양기관강제지정제'가 합헌이라고 판결했다. 헌법재판소는 2002년 10월 31일 선고한 99헌바76에서 아래와 같이 논리를 전개하고 있다.

"우리 의료보험제도는 피보험자인 국민뿐 아니라 의료공급자도 또한 의료보험체계에 강제로 동원하고 있다. 사회보험의 강제성은 피보험자의 강제가입에 관한 것이므로, 요양기관강제지정제는 사회보험의 본질적 구성요소에 포함되는 것은 아니다. 사회보험방식을 취하는 선진 외국의 의료보장 운영실태를 살펴보더라도, 요양기관을 강제로 지정하는 제도를 취하고 있는 국가는 없는 것으로 보이며, 모든 국가가 보험자 또는 국가와의 계약을 통해 보험의(保險醫)를 확보하고 있다.

현행 의료보험제도가 요양기관강제지정제를 택하고 있는 것은, 우리나라의 의료기관의 대부분이 공공의료기관이 아니라 민간 소유이기 때문에 의료보험을 시행하는 데 민간의료기관 의존도가 매우 높다는 특수한 상황 때문이다. 국가가 의료보장의무를 이행하기 위해서는 국민에게 질병·부상에 대해 적정한 요양급여를 행해야 하며, 이를 위해서는 요양급여를 제공할 수 있는 적정수의 의료기관과 약국을 확보해야 한다. 더욱이 의료보험이 전 국민에게로 확대됨에 따라 의료급여를 제공하는 의료기관의 안정적인 확보를 통해 의료보험 수급질서가 보장돼야 하는데, 이러한 상황에서 민간의료기관의 전반적인 참여 없이는 의료보장체계가 사실상 실현될 수 없는 것이다."

이런 헌재의 결정문에서도 요양기관강제지정제가 사회보험의 본질적 요소에 포함되는 것이 아니며 사회보험 방식을 취하는 선진 외국에도 요양기관을 강제로 지정하는 제도는 없음을 인정하고 있다. 모든 국가가 보험자 또는 국가와의 계약을 통해 보험의를 확보하고 있다는 것이다.

전근대적 부역

헌재는 요양기관강제지정제를 채택할 수밖에 없는 논거로 우리나라 의료기관의 대부분이 민간 소유라는 것을 들고 있다. 민간의료기관의 전반적인 참여 없이 의료보장체계가 실현될 수 없다는 것이다. 그런데 이런 헌재의 논거에는 커다란 문제점이 있다. 공공의료기관을 세우고 유지하는 것은 국가가 공공재원을 투입해 시행해야 하는 일이기 때문이다. 헌재의 논리대로라면 국가가 공공재원을 투입하지 않은 책임이 있는데 그 책임을 엉뚱하게 민간의료기관에 전가해도 된다는 것이다. 이는 매우 이상한 논리다.

게다가 헌재는 요양기관강제지정제도가 있어야 의료보장

체계를 실현할 수 있다고 단정하고 있는데, 이는 완전한 오류다. 의료보장은 크게 영국식 국민의료서비스(NHS)와 독일식 국민의료보험(NHI)로 구별된다. 전자는 조세를 재원으로 하며 후자는 의료보험료를 재원으로 한다.

국민의료보험 방식의 의료보장도 다시 '직접 서비스형'과 '현금배상형'으로 구별할 수 있다. 직접 서비스형은 독일이나 우리나라처럼 요양기관이 환자를 진료한 후 제3자인 보험자에게 비용을 청구하는 의료보험이다. 이와 달리 현금배상형은 프랑스·호주처럼 환자가 의료기관에 진료비를 낸 후 영수증을 받아 보험자에게 제출하고 현금을 상환받는 의료보험이다. 현금배상형에서는 요양기관이 보험자에게 비용을 청구하지 않는다. 호주에서 의사(의료기관)와 의료보험 환자, 보험자의 관계는 다음과 같다.

『호주에서 진료비의 결정은 의사와 환자의 계약 관계로 이루어지고, 정부가 강제로 의료비를 결정하지는 않는다. 메디케어에서 보장하는 5분 이상 20분 이내의 진찰료는 7호주달러(약 3만 원)다. 하지만 의사별로 70호주달러(약 5만8,000원)를 받기도 한다. 전문의라면 100~200호주달러를 받기도 한다. 진찰료 등 의료비를 의사가 마음대로 산정할 수 있다. 메디케어는 정해진 37호주달러를 책임지고 차액 33호주달러 이상은 환자가 부담하거나 민간보험에서 지불한다. 환자는 진료 후 영수증으로 메디케어와 민간 보험회사에 비용을 청구한다. 의사와 보험회사 간 논쟁이 생길 일이 별로 없다. 공공병원 이용 시 환자가 내는 본인부담금은 없다. 민간병원에는 당직의사나 호스피탈리스트 몇 명만 24시간 상주하는데, 공공병원은 레지던트 등을 포함해 100여 명이 상주한다. 환자가 공공병원에 방문하면 의사를 선택할 권한은 없다. 응급상황이 아닐 경우라면 대기하는 일도 많다. 백내장수술처럼 응급상황이 아닐 때는 6개월 이상 기다리기도 한다. 환자 본인이 원하는 의사를 선택하고 싶거나 조금 더 빨리 진료를 받고 싶다면 민간병원에 가야 한다. 민간병원에서도 보험에 등재된 치료는 메디케어에서 해당 수가만큼 전부 보상한다. 나머지 추가되는 비용은 보험회사와의 계약에 따라 보험회사와 환자가 부담한다.』(《메디게이트뉴스》 2018. 3. 26. '호주 의사들이 시위를 하지 않는 이유…정부는 합리적인 의료수가 보상, 환자는 의사 신뢰')

    호주의 현금배상형 의료보험도 사회보험이다. 하지만 우리나라처럼 요양기관강제지정제 없이 사회보험을 운영한다. 사실 의료기관은 의료보험의 직접적인 당사자가 아니다. 사회보험으로서 의료보험을 운영하기 시작한 독일에서도 법적으로 강제하는 것은 피보험자이지 의료기관이 아니다. 의료보험은 같은 업종에 종사하는 사람들끼리 강제로 연대시키고 재정을 관리할 의료보험조합을 만들어 자조정신으로 의료보장을 도모하는 제도다. 이들의 이해와 아무 관련 없는 의료기관을 강제로 요양기관으로 동원할 이유도 명분도 없다.

부역은 전근대 사회에서 국가권력이 국민의 노동력을 무상으로 강제 징발하는 수취제도였다. 부역은 신역(身役)과 요역(徭役)으로 구별된다. 신역에서 가장 보편적인 것은 군인으로 복무하는 군역이며 요역은 특정 인신에 부과되지 않고 가호(家戶) 단위로 부과했으며, 역의 부과에서도 부정기·부정량적인 특성을 지녔다.

요양기관강제지정제는 다른 민주주의 국가에서는 볼 수 없는 제도다. 요양기관강제지정제의 법적 성격에 대해 우리나라 행정법 분야에서 정확하게 논의된 적이 없다. 행정법에서 공익을 위해 개인에게 강제적으로 과해지는 공법상의 부담을 공용부담이라고 표현한다. 공용부담에는 인적 공용부담과 물적 공용부담이 있다. 인적 공용부담에는 부담금이나 노역 등이 있으며 물적 공용부담에는 공용제한·공용수용 등이 있다.

요양기관강제지정제도는 인적 공용부담의 성격도 있고 물적 공용부담의 성격도 있다. 의사라는 인력을 강제로 건강보험에 동원하는 것이며 의사가 개인 재산으로 형성해 놓은 의료기관을 강제로 동원하는 것이기도 하기 때문이다. 요양기관강제지정제가 무상으로 의사나 의료기관을 동원하는 것은 아니기 때문에 전근대적인 부역과 동일한 것은 아니다. 그러나 당사자의 의사를 무시하고 개인의 재산과 노동력을 강제적으로 동원한다는 점에서 전근대적인 부역의 성격을 갖고 있다.

사회주의의료라는 영국에서도 NHS와 독립적으로 'private care'를 제공하는 의료기관이나 의사가 존재하는 것은 요양기관강제지정제 같은 제도가 없기 때문이다. 의료보장을 위해 필요하다면 정부가 공공재원을 투입해 공공의료기관을 만들어야 한다. 이와 달리 강제로 민간의사와 민간의료기관을 동원하는 것은 전근대적인 국가권력의 남용이다.

건강보험수가 통제

계약에는 일방의 당사자가 우월한 지위를 남용해 공정하지 않게 운영되는 경우가 있을 수 있다. 이를 위해 국가가 계약의 내용에 대해 개입하는 경우가 존재한다. 보험계약에서 정부는 일정하게 약관을 통제해 보험가입자에게 너무 불리한 계약이 이루어지지 않도록 균형을 맞추기도 한다. 그러나 이와 같이 계약 내용은 강제해도 계약 체결 자체를 강제하지는 못한다. 어찌됐거나 계약의 최종적 성립은 당사자의 의사에 맡겨야 하기 때문이다.

환자와 의료기관의 계약에서도 환자가 불리할 수 있기 때문에 계약의 내용에 대해 정부가 개입할 수 있는 명분이 있다.

그런데 우리나라 의료의 특징적 문제는 요양기관강제지정제 때문에 계약 체결도 강제하고 있다는 점이다. 따라서 의료기관은 정부가 일방적으로 정한 계약의 내용을 거부할 법적 방법이 없다. 이러한 강제계약은 우리나라 의료를 싼 비용으로 효율적으로 운영해 온 비법이다. 그러나 정부가 일방적으로 운영하는 제도에서 부작용이 없을 수 없다.

우리나라의 건강보험료율은 2018년 6.24%다. 그리고 경상의료비 중 정부·의무 가입제도 비중은 2018년에 59.9%다. 이는 의료기관을 방문하면 진료비의 60% 정도를 정부·의무 가입제도에서 지급해준다는 의미다. 2018년 경상의료비 중 정부·의무 가입제도 비중의 OECD 평균은 73.8%로, 프랑스는 83.6%, 독일은 84.6%다.(OECD Health Statistics, 2020) 그런데 프랑스의 2016년 건강보험료율은 13.8%이고 독일의 건강보험료율은 15.5%다. 프랑스의 건강보험료율을 우리나라처럼 6.24%로 낮춘다면 비례적으로 계산했을 때 경상의료비 중 정부·의무 가입제도 비중은 대체로 35.6%로 줄어든다. 그런데 우리나라는 6.24%의 건강보험료율을 가지고 59.5%의 정부·의무 가입제도 비중을 나타내고 있다. 비슷한 재원을 가지고 비교할 수 없을 정도로 효율적인 의료제도를 운영하고 있다는 의미다. 이는 정부가 건강보험 수가를 '매우 싸게' '강제로' 정하기 때문에 가능하다.

정대영 가톨릭의대 교수가 조사한 바에 따르면, 우리나라 위내시경검사는 병원급 기준 4만2,360원으로 일본(12만 6,877원)의 3분의 1, 영국 비영리병원(60만7,381원)의 14분의 1 수준이다. 영국 영리병원인 HCA헬스케어가 공개한 위내시경 검사 비용은 415만1,000원이었으며 미국 비영리병원인 버지니아메슨헬스시스템의 위내시경검사 비용은 329만9,000원이었다.(《청년의사》 2016. 8. 31. '원가에도 못 미치고 영국의 1/14 수준인 내시경 수가') 앞서 박현미 전 회장은 영국 영리병원에서의 대장내시경 검사의 비용은 약 300만 원이라고 밝혔는데 이와 일맥상통한다.

계약 체결의 자유는 불공정 계약을 막는 근본적 수단이다. 한미FTA협정은 국가 간 계약이다. 미국은 미국의 이익을 위해 우리나라를 압박한다. 우리나라가 미국의 요구조건을 모두 받아들일 수는 없다. 이모저모를 따져보고 한미FTA를 유지할 이유가 없으면 계약을 거부할 수 있다. 이 때문에 미국도 최소한의 균형을 맞추지 않을 수 없다. 그러나 미국이 우리나라에 대해 강제 계약을 체결할 국제법적 권한이 있고 우리나라는 그걸 거부할 법적 권한이 없으면 매우 불공정한 협정이 만들어질 것이다. 그런데 우리나라 의료에서는 정부가 이처럼 낮은 수가를 강제하고 있는데도 의사나 의료기관은 이를 거부할 법적인 권한이 없다. 이는 우리나라 의료 왜곡의 궁극적 원인이다.

보건복지부 공무원은 기획재정부가 정한 재정지원과 의료보험료율의 한계 안에서 정치인과 대통령이 약속한 혜택을 국민에게 주어야 하는 묘수를 짜내야 한다. 주어진 재정 한도 안에서 공무원이 보기에는 다소 불합리할 수 있지만 실현가능하다고 생각하는 안을 의료계에 제안한다. 여기에 관변 학자들이 일조한다. 언론도 의사의 비리를 터뜨려 여론을 관리해 나간다.

이처럼 보건복지부 공무원이 생각하는 '다소 불합리한' 안은 시장경제에서는 작동할 수 없는 안이다. 그럼에도 보건복지부 공무원은 그게 '다소 불합리할 뿐'이라고 생각한다. 자유로운 계약관계라면 의사·의료기관은 당연히 이 계약을 거부할 것이다. 그러나 우리나라 법은 의사·의료기관이 이를 거부할 수 없도록 돼 있다. 사실 거의 모든 걸 강제로 할 수 있다. 법과 공익의 이름으로 다 가능하다.

복지부의 복지부동

법의 이름으로 다 할 수 있는데 보건복지부 공무원과 의사·의료기관 사이에 진정한 대화가 이루어질 리가 없다. 보건복지부 공무원과 의사 대표 사이에는 진정한 의미에서의 대화가 존재하지 않는다. 적당히 들어주고 여론을 관리하고 의사의 반발을 적당히 무마하고 진행하면 된다. 이런 구조가 불공정하다고 생각하고 진실로 대화하려는 공무원도 존재할 수 없다. 그랬다가는 협상이 성립하지 않을 것이고 해당 공무원은 무능한 공무원으로 낙인찍히고 말 것이다.

이렇게 보건복지부와 의사·의료기관 사이에는 다소 불합리한 사실상 강제 협상이 이뤄진다. 담당 공무원은 주어진 한계 안에서 열심히 일을 하고 문제를 풀어간다. 의료기관도 손해를 보거나 망할 수는 없다. 다소 불합리한 안을 받아들이고 다른 데서 벌충하면서 살아가게 된다. 적당히 환자에게 다른 명목으로 돈을 받아내기도 한다. 그렇게 의료는 조금씩 왜곡된다. 이런 일들이 계속 반복된다. 1년이 지나고 2년이 지나고 새로운 정권이 들어서 새로운 의정협상이 이루어진다. 같은 일이 반복된다. 이것이 다른 어떤 나라에서도 볼 수 없는 우리나라 의료 왜곡의 진실한 기전이다. 서구 민주주주의 사회에서는 찾아볼 수 없는 강제계약에 강제수가로 의료의 모든 것을 해결해 온 것이 바로 의료왜곡의 주범이다.(〈메디게이트뉴스〉 2018. 4. 3. '醫·政 대화 파국의 책임은 누구에게 있는가?')

의사·의료기관이 계약을 거부해 의료보장이 마비되면 어떻게 하느냐는 의문이 들 수도 있다. 서구의 민주주의 사회가 사용하는 해법은 아니지만 법적으로 가능한 방법은 있다. 중재제도를 도입하면 된다. 통상 중재는 양 당사자가 대표를 한 명씩 내세우고 양 당사자가 동의하는 제3의 인물을 합해 3명이 중재부를 구성한다. 이런 중재제도를 도입하면 보건복지부도 합리적 자료를 내놓고 협상을 해야 하며 의료계도 합리적 자료를 내놓고 수가를 요구해야 한다. 각자가 자료를 근거로 설득해야 하며 일방적·불공정 계약은 막을 수 있다. 중재제도를 도입하면 의료보장이 마비되는 것을 막을 수 있다.

강제 진료는 응급의료로 제한해야

우리나라 의료법 제15조 제1항은 "의료인 또는 의료기관 개설자는 진료나 조산 요청을 받으면 정당한 사유 없이 거부하지 못한다"고 규정하고 있다. 이를 위반하면 동법 제89조에 따라 1년 이하의 징역이나 1,000만 원 이하의 벌금에 처한다. 진료거부 금지는 당연한 규정이라고 생각하기 쉽다. 의사가 진료를 거부해 환자의 생명이 위태로울 수 있기 때문이다. 그러나 이런 진료거부 금지 조항 역시 미국·영국·독일·프랑스에는 존재하지 않는다. 응급환자에 대한 진료 거부 금지 조항만 존재한다.(이하는 2019년 대한의사협회 의료정책연구소에서 펴낸 《진료거부금지 의무의 현황과 과제》에서 주로 인용한 내용이다)

미국은 1986년 응급의료법(The Emergency Medical Treatment and Labor Act, EMTALA)을 제정해 환자의 지불능력, 시민권 또는

합법적 지위 등과 관계없이 응급실에 도착한 환자의 진료권을 보장했다. 이 법에 따라 정부로부터 재정지원을 받는 응급의료기관은 응급상태라고 인정된 환자의 상태를 안정시키거나 적절한 기능을 갖춘 의료기관으로 환자를 보낼 의무를 진다. 즉 환자의 상태가 안정되지 않으면 진료비를 지불하지 않는다 해도 강제로 퇴원시킬 수 없다는 의미다.

미국에는 응급환자 진료거부 금지 조항은 있지만 일반적인 상황에서 의사의 진료거부를 금지하는 조항은 없다. 다만 차별금지법에 따라 인종·민족·성별·성적지향·종교 등을 이유로 진료를 거부하는 것은 금지된다. 미국의사협회가 제정한 의료윤리원칙 제6조는 '의사는 환자에게 적정한 치료를 제공하기 위해 응급상황을 제외하고 누구를 치료할 것인지, 누구와 협력할 것이지, 그리고 의료를 제공하기 위한 환경을 자유롭게 선택할 수 있다'고 규정하고 있다.

독일 역시 마찬가지다. 독일의 표준의사직업규칙은 의사를 '자유전문직'으로 규정하고 있으며 자유전문직이 갖는 독립성과 책임성은 '계약자유가 있다'는 것을 의미한다. 환자는 의사를 자유롭게 선택하거나 변경할 권리가 있으며, 의사 역시 환자의 진료를 거부할 권리가 있다. 다만 응급상황 또는 특별한 법적 의무가 있는 경우에는 진료를 거부할 수 없다. 독일 연방요양급여계약은 '건강보험의사는 정당한 경우에만 피보험자의 치료를 거부할 수 있다'고 규정하고 있지만, 독일의 의사들은 건강보험조합과의 계약 체결을 거부할 수 있기 때문에 결국 건강보험의사가 피보험자의 진료를 제한적으로만 거부할 수 있는 것은 양자 간 계약에서 비롯되는 것이다.

프랑스 역시 마찬가지다. 프랑스 공중보건법의 관련 규정은 다음과 같다.

『응급상황이나 인도적 의무를 다해야 하는 경우를 제외하고 의사는 진료를 거부할 권리가 있다. 의사가 진료를 거부할 때는 이를 환자에게 통보해야 하며 진료의 연속성을 보장하기 위해 필요한 정보를 다른 의사에게 전달해야 한다.』

요컨대, 프랑스 역시 응급상황이 아니고 치료의 연속성을 보장하기 위한 모든 조치를 취하는 한 진료거부의 자유가 인정된다.

일본은 의사법 제19조에 우리 의료법과 비슷하게 "진료에 종사하는 의사는 진찰치료의 요구가 있을 때 정당한 사유가 없는 한 이를 거부해서는 안 된다"고 규정하고 있지만, 벌칙조항이 없기 때문에 의사 직무의 공공성을 고려한 선언적 규정에 불과하다. 따라서 법 위반시 동법 1년 이하의 징역이나 1,000만 원 이하의 벌금에 처하는 우리나라의 진료거부 금지 조항과 법적 의미가 완전히 다르다.

서구 민주주의 국가는 자연인 의사에게 일반적인 진료거

부 금지 의무를 강제하고 있지 않다. 다수의 국가가 응급환자의 경우에만 예외적으로 진료거부 금지 의무를 부과하고 있다. 민법적으로 의사와 환자의 진료계약은 변호사와 의뢰인의 수임계약과 마찬가지로 민법 제680조의 '위임계약'에 해당한다. 의뢰인이 변호사와 상담을 한 후 변호사가 원하지 않는데도 강제로 위임계약을 체결할 수는 없다. 민법적으로는 의사와 환자의 진료계약도 동일하다. 결국 우리나라의 의료법은 서구 민주주의 국가에서 응급환자에 대해만 적용하는 진료거부 금지를 모든 환자에 일반적으로 적용해 무차별적으로 확대시킨 것이다.

민주주의 국가에선 의사도 파업할 권리가 있다

우리나라 의료법 제59조 제1항에 따르면, 보건복지부장관 또는 시·도지사는 보건의료정책을 위해 필요하거나 국민보건에 중대한 위해(危害)가 발생하거나 발생할 우려가 있으면 의료기관이나 의료인에게 필요한 지도와 명령을 할 수 있다. 동법 제2항에 따르면, 보건복지부장관, 시·도지사 또는 시장·군수·구청장은 의료인이 정당한 사유 없이 진료를 중단하거나 의료기관 개설자가 집단으로 휴업하거나 폐업해 환자 진료에 막대한 지장을 초래하거나 초래할 우려가 있다고 인정할 만한 상당한 이유가 있으면 그 의료인이나 의료기관 개설자에게 업무개시명령을 할 수 있다. 그리고 업무개시명령을 위반한 경우 동법 제88조에 따라 3년 이하의 징역이나 3,000만 원 이하의 벌금에 처하도록 규정하고 있다. 이러한 규정은 의사의 집단행동이나 의사의 파업을 원천적으로 봉쇄하는 기능을 한다. 2020년 8월 전공의 파업 때 정부는 업무개시명령을 발동한 바 있다.

의사의 집단행동은 환자의 생명에 위해를 가할 수 있기 때문에 적절히 제어돼야 하는 것은 당연하다. 그러나 우리나라처럼 응급실이나 중환자실이 아닌 곳에서 근무하는 개원의들에게 업무개시명령을 내리고 이를 위반시 처벌하는 나라는 없다. 이스라엘과 영국에서 벌어진 의사들의 집단행동 사례는 한두 번이 아니다. 이스라엘과 영국 외에도 서구 민주주의 국가에서 의사들의 단체행동은 지속적으로 나타나는 현상이다.(이하는 2018년 대한의사협회 의료정책연구소에서 펴낸《국내·외 의사 단체 행동 현황과 시사점》에서 주로 인용한 내용이다.)

이스라엘에서는 1976년, 1983년, 1994년 등 2000년 이전에 의사들의 단체행동이 빈번하게 일어났고 기간도 매우 길었다. 2000년 3월 이스라엘 의사들은 재무부장관의 의사임금 동결안에 반대해 이스라엘 공립병원 근무 의사 및 전공의 1만 5,000명이 장장 217일간 단체행동을 했다. 이후 이스라엘 의사회장과 재무부 간 협상이 타결돼 의료제도개선위원회가 설치되고 의사 봉급 13.2% 인상이 이루어졌다. 2010년 4개월 동안 병의원을 포함한 공공의료기관 의사들이 의료인력 보강, 급여 인상 등을 요구하며 단체행동을 했다. 그 결과 공공병원 의사 1,000명이 충원되고 급여도 최고 80%까지 인상됐다.

영국 역시 의사들의 단체행동이 종종 일어난다. 1975년 전문의·수련의들은 4개월에 걸쳐 단체행동을 했다. 전문의들은 NHS 설립 초기부터 인정된 개인병원 운영권을 박탈하려는 시도에 항의했고 수련의들은 근로조건을 악화시키려는 시도에 항의했다. 단체행동의 결과 전문의들은 개인병원을 운영할 권리를 계속 행사할 수 있게 됐으며 수련의는 다시 기존 근로조건으로 되돌아왔다.

2012년 영국의 일반의들은 연금 감소에 대한 항의로 6월 21일 단체행동에 돌입했다. 24시간 모든 영국의 일반의는 오직 응급진료만 시행했고 약 3만 건의 수술이 취소되고 약 5만 8,000건의 진단검사가 연기됐다. 2016년 영국 보건부가 전공의의 근로조건을 변경한 근로계약을 강행하겠다고 발표하자 수련의들이 파업을 강행했고, 영국의사협회(BMA)는 정부와 협상을 통해 타협안을 도출했다.

2020년 우리나라 의사들의 단체행동은 다른 나라에서는 볼 수 없는 특이한 현상을 보여 주었다. 단체행동의 주제는 모든 의사와 관련된 것임에도 전공의들이 단체행동을 주도한 것이다. 개원의들의 참여는 저조했으며 대다수 대학병원 교수들은 전공의의 단체행동을 지지하는 선언을 했지만 직접 단체행동에 나서지는 않았다. 오히려 의과대학생들이 수업·국시 거부 등으로 전공의 단체행동을 적극 지원했다.

이처럼 젊은 세대들이 단체행동에 적극적으로 나선 것은 기성 의사 세대가 단체행동에 두려움을 갖고 있기 때문이다. 업무개시명령 등으로 개원의들의 단체행동은 법적으로 봉쇄돼 있기 때문이다. 전공의와 달리 단체행동 자체가 개원의들에게는 심각한 경제적 타격이 동반될 수 있다. 개업의들은 단체행동에 적극적으로 나서지 못하고 전공의의 단체행동을 지지하는 선에서 머무를 수밖에 없다.

의사들의 단체행동은 불행한 일이다. 특히, 자영업자인 개업의나 개인병원에게는 심각한 경제적 타격을 초래할 수 있다. 근로자의 파업은 고용주의 재산에 상당히 심각한 지장을 초래할 수 있다. 그럼에도 일정한 범위에서 근로자의 파업권을 인정해 균형을 도모하는 것이다. 이와 달리 자영업자인 개업의는 다른 사람의 재산에 심각한 지장을 초래하는 것이 아니고 자신의 재산에 심각한 지장을 초래하는 일종의 '자해'다.

비례적으로 평가했을 때 큰 대형병원 근로자의 파업은 개업의들의 단체행동보다 환자들에 미치는 영향이 더 크다. 게다가 대형병원 근로자의 파업은 사업자의 재산상 피해까지 심각한 지장을 초래할 수 있다. 그럼에도 서구의 민주주의 사회는 대형병원에 근무하는 전공의들의 파업권을 인정한다.

박현미 전 회장은 2016년 영국에서 전공의 파업에 직접 참여하기도 했는데 "영국 국민들은 대부분 전공의 파업을 지지한다"고 전했다. 박 전 회장은 2020년 우리나라 전공의들의 파업에 대한 국내의 비판적 의견을 접한 후 다음과 같은 의견을 밝혔다.

"의사파업을 비판하는 목소리가 영국에서 나왔다면 이해됩니다. 의사 양성을 세금으로 하니까 비판도 할 수 있다고 봅니다. 영국은 트레이닝(의과대학 교육과 전문의 수련)에 연간 7조 원을 투입합니다. 하지만 한국에선 의사들이 자기 돈 내고 의대에 가고 트레이닝을 받고 융자를 받아 병원을 짓습니다. 그 과정에서 국민이 돈 한 푼 주지 않는데 그렇게 얘기할 수 있다는 것이 이해가 되지 않는군요."(《청년의사》 2020. 8. 27. 한국 의사 파업 '밥그릇 비판' 이해 안 된다는 영국 의사)

영국 의사 vs 한국 의사

사업주 업무에 심각한 지장을 초래할 수 있는 근로자의 파업이 보호되는데 단지 '자신의' 업무에 지장을 초래하는 자영업자의 집단행동을 철저히 금지하는 것은 비례의 원칙에서 볼 때 매우 기이한 입법이다. 서구 민주주의 사회에서는 응급환자를 제외하고 무차별적으로 의사에게 진료거부 금지를 부과하지 않는다. 개업의에게 무차별적으로 단체행동도 금지하는 것은 가능하지 않다. 자영업자인 개업의에게마저 업무개시명령으로 단체행동을 불법화하는 것은 우리나라 의료 제도의 독특한 특징으로 보인다. 우리나라 의료와 박현미 전 회장이 소개한 영국의 의료체계를 비교하면 다음과 같은 특징이 있다.

①교육: 영국의 NHS는 매년 7조 원을 들여 의료인을 양성한다. 반면, 우리나라는 의과대학 교육은 부모가 비용을 부담하고 전공의 훈련은 민간병원이 정부의 지원 없이 담당한다.

②노동조건: 영국에서는 1년에 6주 휴가를 받고 주당 48시간을 일했지만 한국에서 와서는 120시간 일해야 했다.

③수가: 영국 공공병원에서 대장내시경검사(colonoscopy)을 받으면 무료지만 민간병원에서 대장내시경검사를 받으면 300만 원이다. 영국의 민간병원은 진료비(수가)를 자기 맘대로 정하기 때문이다. 반면, 우리나라는 민간병원도 무조건 보험환자를 진료해야 하며 진료수가는 정부가 정한다. 2016년 위내시경 수가는 4만2,259원, 당시 영국 민간병원의 위내시경 수가는 415만1,000원, 영국 공공병원의 수가는 60만7,381원이었다.

④계약: 영국에서는 스페셜리스트(전문의교수)가 되면 진

료비를 자유롭게 정하는 민간병원에서 겸직할 수 있다. 반면, 우리나라는 진료비를 마음대로 정하는 민간병원이 존재하지 않는다. 전문의교수는 다른 민간병원에서 겸직을 할 수 없다.

⑤파업: 영국에서는 나라 돈으로 수련을 받는 전공의들도 파업을 할 수 있다. 반면, 우리나라는 나라 돈이 한 푼도 지원되지 않는 전공의나 의사들이 파업을 하면 비난을 받고 처벌 대상이 된다.

우리나라 의사들이 바라는 것은 다른 나라 의사에게 인정되지 않는 특권이 아니다. 의사들은 의료의 특성을 잘 이해한다. 단체행동을 할 법적 권한을 요구하는 의사들도 '응급실이나 중환자실 진료는 중단해서는 안 된다'고 생각한다. 의료의 본질적 한계를 받아들이고 다른 나라 의사들에게 인정되는 권리 정도만 인정해 달라고 요구하는 것이다. 우리나라의 다른 국민에게 인정되는 계약 체결의 자유를 의사에게도 인정해 달라고 요구하는 것이다. 다른 국민에게 인정되는 권리 이상의 특권을 요구하는 것이 아니다. 민주주의 국가의 시민에게 인정되는 합당한 권리를 의사에게도 인정해 달라고 요구하는 것뿐이다.

'사회주의의료'라는 영국 의료는 오히려 정합성이 있고 앞뒤가 일치한다. 그래서 의료 왜곡이 발생하지 않는다. 그러나 우리나라 의료는 정합성이 없고 앞뒤가 일치하지 않는다. 그래서 속으로 곪고 왜곡돼 간다. 우리나라는 속으로 곪고 왜곡되는 의료를 정부가 모든 것을 강제로 처리해 해결해 왔다. 요양기관강제지정제, 강제수가, 임의비급여 불법화, 무차별적인 진료거부금지의무, 무차별적인 업무개시명령 등. 이러한 강제 속에 발생하는 부작용을 다시 의사들을 비난하면서 해결해 왔다. 영국 의료와 우리나라 의료를 경험하고 비교한 박현미 전 회장은 이렇게 안타까움을 표현한다.

"한국에서는 의사가 되기까지 모두 다 자기 돈으로 하는데 맨 끝에 가서는 '단일보험자제도(monopoly insurance system)'에 딱 갇혀 있어요. 민간병원은 모든 리스크는 (운영하는) 사람이 가지고 있고 정부는 리스크 부담 없이 가격만 정해주면 그만이죠. 영국에서는 뭐가 잘못되면 환자가 정부 탓을 하는데 한국에선 의사들만 탓하는 게 정말 안타까워요. 영국에서 우리 의사들은 되게 사랑받는데 한국 의사들은 왜 이렇게 미움을 받는지 불쌍할 정도죠. 어떻게 이렇게 됐는지 이해가 안 가요"

공공의료라는 파랑새는 어디에?

김현아(한림대 의대 교수)

팬데믹이 가르쳐 준 것들

2020년 전 세계를 강타한 코로나19 사태는 우리가 그 동안 선진국이라고 생각했던 미국과 유럽 국가들이 팬데믹 상황에 얼마나 취약한지 깨닫게 해 주었다. 미국이야 워낙 의료보험조차 가입하지 못한 사람이 많아 대통령선거 공약에 전 국민의료보험 가입을 약속하는 것이 등장할 정도로 취약한 의료제도를 가지고 있는 나라이기 때문에 논외로 하더라도 우리나라 보건복지부 관료들이 금과옥조처럼 생각하는 유럽의 OECD 국가들도 처참한 현실을 벗어나지 못했다. 유럽 국가 중 처음으로 프랑스에서 2020년 1월 24일 첫 환자가 발생했고, 2월 17~24일 교회 집회가 시발점이 돼 환자수가 폭발적으로 증가해 3월 16일 마크롱 대통령이 전 국민 자택격리령을 내렸다. 5월 1만 9,015명의 환자가 프랑스의 병원들에 입원하고 있었는데 보건의료 관계자들은 이중에서도 특히, 중환자실 치료가 필요한 중환자들의 추이를 지켜보고 있었다. 사태 시작 당시 프랑스에는 5,000개의 중환자실 병상이 있었고 환자가 폭증함에 따라 호흡기 등을 새로 구입하고 일반병동을 중환자실로 전환하고 사립병원들과 군병원을 코로나 치료 병원으로 지정하는 등의 조치를 취해 중환자실 병상을 1만 개로 늘렸다. 팬데믹 전 프랑스의 공공병원 병상 수는 인구 1,000명당 3.7개였다.

    2월 27일 첫 환자가 발생한 네덜란드에서는 3월 15일 봉쇄(lockdown) 명령이 내려졌고 네덜란드 집중치료연합 수장인 디드릭 고머스는 그 다음 주까지 1,000명의 코로나19 환자가 중환자실에 입원할 것이라고 예측했다. 당시 네덜란드 전역의 중환자실 침상 수는 1,150개였고, 많은 네덜란드 국민이 두려움에 떨었다.

    유럽에서 가장 처참했던 것은 이탈리아였다. 이탈리아를 방문했던 중국 관광객들이 코로나 양성 판정을 받으며 이탈리아는 1월 31일 첫 환자 발생을 기록했고 이탈리아 정부가 즉각 중국으로부터의 입국을 봉쇄하고 긴급사태를 선언했지만 북부 롬바르디를 시작으로 이미 바이러스가 들불처럼 번지고 있었다. 3월 11일 콘테 수상이 식품 구입과 약국을 제외한 외출 전면 금지령을 내렸으나 속수무책이었다. 3월 17일에 이탈리아 정부는 대량의 인공호흡기 구매를 결정했고 응급이 아닌 수술을 뒤로 미루고 수술실을 중환자실로 전환하는 등의 대처로 2주 만에 800개의 중환자실 침상을 증설했다. 한 개의 인공호흡기를 두 사람이 나누어 쓰는 방안도 고안했다. 이런 노력에도 문명세계에서는 상상할 수 없는 일들이 일어났다. 밀려오는 중환자들에게 절대적으로 인공호흡기가 부족한 나머지 의사들은 소생 가망이 없다고 생각하는 고령 환자의 호흡기를 강제로 떼어내 간단히 소독만 한 후 젊은 환자에게 장착하기도 했다. 나중에 이런 결정을 한 의사들은 정신 상담을 받아야 했다. 팬데믹 전 이탈리아의 공공병원 병상 수는 인구 1,000명당 2.1개였다.

죽어도 되는 사람들?…방역은 국격의 척도

미국에서는 지옥도를 연상하게 하는 상황이 벌어졌다. 전 세계인의 선망이 되던 뉴욕의 힙한 거리들은 텅 빈 채 세계 종말 영화의 한 장면을 연상시켰고 병원에서 의료진들이 장비 부족 때문에 코로나에 감염되는 것은 새삼스럽지도 않은 일이 됐다. 심지어 병원과 요양원에서 시신이 쏟아져 나오면서 이를 제때 매장하거나 화장하지 못하는 일이 빈번했고 대낮의 번화가에 세워진 트럭에서 뉴요커의 시신이 썩어가는 채로 발견돼 많은 사람을 경악하게 했다.

트럼프 대통령은 3월 "우리나라에서 10만 명이 죽을 수 있다고 한다. 그 정도면 아주 잘하는 것이다"라고 말했다. 팬데믹 전 미국의 공공병원 병상 수는 인구 1,000명당 0.6개였다. 코로나19는 이른바 '국격' 개념을 재정립하는 계기가 됐다. 우리는 어떤 나라에서는 '죽어도 되는 사람들'이 있다는 것을 알게 됐다. 대놓고 "굶어죽는 것보다 병으로 죽는 것이 낫다"며 경제 침체 우려를 앞세워 방역에 손을 놓은 브라질 같은 나라에서는 빈민거주지인 파벨라에서 지역 갱단들이 자경단을 만들어 자체 방역을 시행하면서 국가의 부재를 메웠다.

세계 최고 국가라는 자부심으로 뭉친 미국은 대놓고 그런 말을 하지는 않았지만 미국의 코로나19 감염과 사망이 사회계층에 따라 어떻게 갈렸는지를 보면 미국에서도 엄연히 '죽어 마땅한 사람'이 있었다. 미국생활을 잠시라도 해본 사람은 왜 미국이 이런 식으로 돌아가는지 안다.

스웨덴의 경우는 대처가 조금 달랐다. 스웨덴 전문가들은 어차피 팬데믹 상황이 오면 방역과 의료만으로는 대처하는 것이 불가능하다고 판단하고 차라리 자연 감염을 통한 '집단면역' 정책을 추진했다. 결과는 실패였는데 코로나의 사망률이 전문가들의 예상보다 높았고 감염 속도는 너무 빨랐기 때문이다. 의료의 80%가 공공 영역에 속하는 스웨덴이지만 비슷한 환경의 북유럽 국가들에 비해 사망률은 10배까지 높아졌고 스웨덴 정부는 잘못된 방역 정책에 대한 비난을 한 몸에 받았다.

이런 해외의 현황들을 보며 사람들은 팬데믹 상황에서는 정부가 의료와 병원 운영에 개입해야 한다는 것을 절실하게 깨닫게 됐다. 그러려면 정부가 병원을 운영하면서 유사시 병원에 감염병 환자를 입원시킬 수 있게 해야 한다. 일부 언론에서는 유럽의 OECD 회원국들에서 코로나 사태 때 의료대란이 일어난 이유가 정부 예산 삭감에 의한 공공병원 감축에 기인한 것이라는 분석을 내놓기도 했다.

코로나보다 치명적인 부실 공공의료

우리나라는 어떨까? 우리나라의 공공병원 병상 수는 인구 1,000명당 1.24개다. 코로나19 초기에 정부가 가히 패닉에 빠질 만 했다는 생각이 든다. 더욱 아이러니한 것은 우리나라의 사립 병원 병상을 포함한 전체 병상 수는 인구 1,000명당 12.3개로 세계 최고 수준이다. 그 많은 병원, 그 많은 병상에도 불구하고 감염병이 발생했을 때 정부가 환자 수용을 명할 병원이 없는 것이다. 대한민국 병원의 90%가 사유재산이기 때문이다. 일본은 무슨 이유인지 인구 천 명당 병상 수가 13.1개로 우리나라보다도 더 높다. 그러나 일본은 그중 30% 정도가 공공병원 병상이다. 결국 우리나라가 기댈 수 있는 것은 '국뽕' 수준으로까지 올라간 K방역이라는 방식에 의한 환자 색출과 격리, 그보다 더 중요한 국민들의 마스크 순응도 밖에는 없었다. 산술적으로 계산해 보면 프랑스와 비교해 공공병원의 병상 수가 1/3은 되니까 프랑스의 1/3 정도로 환자 발생을 맞추면 정부가 잘못 해온 것을 크게 책잡히지 않고 지나가지는 않았을까 막연히 생각해보는데 아무튼 K방역은 신화처럼 누구도 도전할 수는 없는 성역이 됐다. (가장 위기였던 3월 프랑스의 일일 환자 발생 수는 7,000명 정도였다. 그 1/3이면 얼추 4차 유행 일일 환자 발생 수와 맞아 떨어진다.) 그 와중에 공공의료의 신화가 탄생하게 된다.

인도주의실천의사협의회, '건강사회를 위한 약사회', '건강사회를 위한 치과의사회', 노동건강연대, 참의료실현 청년한의사회 통합 단체인 '건강권 실현을 위한 보건의료단체연합'은 〈치명적인 것은 바이러스가 아니라 부실한 공공의료다〉라는 글에서 다음과 같은 주장을 한다.

『이번 사태에서 정부의 대응은 박근혜 정부 메르스사태에 비해 진일보한 측면이 있다. 민간병원 수익성이 떨어질 것을 우려해 병원명 공개를 꺼리는 등 최악의 비밀주의를 고수했던 지난 정권과 비교하면 투명성 문제가 많이 개선됐다. 이는 메르스사태의 교훈일 것이다. 하지만 그것이 전부다. 공공병원과 음압격리병상의 부족, 전문인력 부족의 문제가 노출되고 있다. 정부는 부족한 인프라로 최선을 다하고 있다며 임기응변을 자랑할 것이 아니라 국민과의 약속을 어기고 대응 인프라를 구축하지 않은 것에 반성해야 한다 …(중략)… 첫째, 공공병원을 확충·지원해 음압병상을 늘려야 한다. 정부는 음압병상 부족 우려가 제기되자 최근 900개 병상을 확보하겠다고 발표했다. 이는 여러 면에서 부실한 주장이다. 먼저 실현가능성이 떨어진다. 민간병원의 음압병상 지원을 500병상 가까이 받아야 목표달성이 가능하지만, 수익추구에 혈안인 민간병원들이 이를 극도로 꺼릴 때 강제하기 어렵다.

무엇보다 민간병원 병실은 물론 지역거점 의료기관의 음압병상도 코로나19 관리에 부적합하다. 1급 감염병으로 분류된 코로나19를 제대로 치료할 수 있는 시설은 원칙적으로 대부분 공공병원인 국가지정 격리병실 161개뿐이다. 그런데 국가지정 음압격리병상은 턱없이 부족하다. 지방의 국가지정음압병상은 경상남도에 병실 4개, 경상북도에 병실 3개, 전라남도에 병실 4개가 전부인 수준으로 매우 열악하다. 전남에 유일한 국립목포병원 음압병실은 그마저 시설이 낙후되고 인력이 없어 운영이 불가능할 정도라고 알려졌다.

지난 메르스사태도 한마디로 공공의료의 위기였다. 발생 초기부터 이미 국가지정 음압격리병상이 부족해 제대로 된 관리가 어려웠다. 당시 국가지정 음압격리병상은 105개였다. 현재는 다인실 포함 198병상까지 약간 늘어난 수준이지만 이마저 박근혜 정부 때 있었던 일로 문재인정부 들어서 변화가 없다. 따라서 지금도 코로나 환자가 급증하거나 유증상자가 동시에 몰리면 병상수급에 혼란이 불가피한 상황인 점은 마찬가지다. 이 정부가 공공병원 확충이나 감염병 인프라 마련은 뒷전이고 오로지 의료민영화만 추진하면서 생긴 결과다. …』

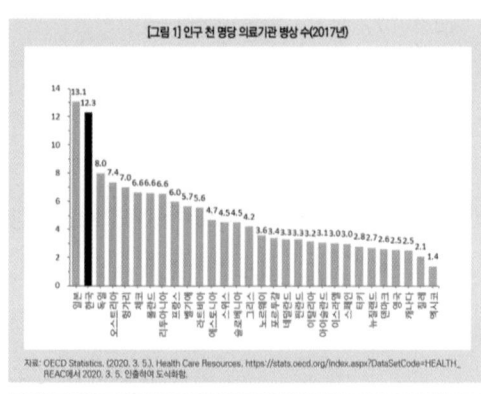

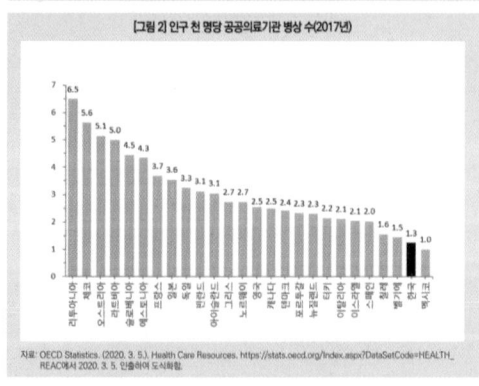

인구 천 명당 의료기관 병상 수와 공공의료기관 병상 수(2017년)
(출처 : 보건사회연구원)

공공의료라는 파랑새는 어디에?

정부의 의료인력 증원의 명분이 된 공공의료의 실체를 살펴볼 차례다. '공공의료'란 무엇인가? 2020년 9월 14일 〈청년의사〉 플랫폼 '코로나 파이터스 라이브' 36회에 출연한 권용진 서울대 교수는 '공공의료'가 우리나라 외에는 전 세계 어디에서도 사용되지 않는 말임을 밝혔다. 작은 재정으로 시작한 의료보험제도의 정착을 위해 의료공급의 대부분을 민간에게 의존하는 상황에서 국가의 역할이 강조되기 시작하면서 민간 운영의 병원과 대비되는, 국가가 운영하고 책임지는 의료기관이라는 것이 그나마 우리나라에서 통용되는 공공병원의 개념일 것이다.

의료의 공공성(공공의료)에 대한 일반인의 시각은 저소득층이 주로 이용하는 진료비가 싼 병원이나 지역사회에서 시행되는 무료진료나 의료봉사 등의 개념과 연결돼 병원과는 상관없는 봉사활동과 수지타산이 안 맞는 시혜적 활동으로 인식하는 경우가 많았다.

그런데 코로나19 이후 공공의료는 마치 모든 의료의 문제점을 해결할 만병통치약인 것처럼 대두됐다. 서울대 의료관리학교실 김윤 교수는 〈한겨레신문〉의 '민간병원 덕분이라는 거짓'이라는 칼럼에서 이렇게 주장했다.

『이탈리아와 스페인의 코로나19 치명율이 우리나라보다 높은 이유는 우리나라 민간병원이 유럽의 공공병원에 비해 환자를 더 잘 치료해서가 아니다. 진짜 이유는 우리나라는 젊은 환자가 많은 반면 이탈리아나 스페인은 노인 환자가 많아서다. 연령구조를 보정하면 우리나라와 스페인의 치명률은 거의 차이가 없고 이탈리아의 치명율도 우리나라의 2.5배에 불과하다.…

(코로나 환자 치료 실태) 분석 결과, 전체 병상의 10%에 불과한 공공병원이 코로나19 환자 4명 중 3명을 진료한 반면, 전체 병상 중 90%를 보유한 민간병원은 나머지 1명만 진료하는 데 그쳤다. 평소 질이 떨어지고 적자를 낸다고 찬밥 취급을 받던 공공병원이 위기 상황에서 진가를 발휘한 것이다.

전국적으로 살펴봐도 상황은 크게 다르지 않다. 코로나19 환자의 치명률이 계속 높아져 가는데도 서울대병원을 제외한 이른바 '빅5' 병원에서 진료 받은 환자는 채 10명이 되지 않을 것으로 추정된다.』

치명율이 2.5배라는 것이 의미가 없다는 주장은 생명을 다루는 입장에서 보면 황당한 생각이기는 한데 평소 의사들과 원수지기를 두려워하지 않는 서울대 의료관리학교실이니만큼 의사들은 이 칼럼을 격렬하게 비난했고 김윤 교수가 정권에서 한 자리를 하기 위해 무슨 무슨 행동을 했다는 등의 확인되지 않는 사실들과 온갖 험담이 돌았다.

급기야 대한의사협회는 이 칼럼이 의사들의 명예를 훼손했다는 이유로 김윤 교수를 중앙윤리위원회에 회부했다. 대한의사협회의 반응이 항상 그랬던 것처럼 유치하고 치졸했다 생각하면서도 김윤 교수의 칼럼에 대해서도 실소를 금할 수 없었는데, 그것은 의사들의 명예를 훼손해서가 아니라 통찰력 부족과 악의적 편 가르기 때문이었다. 칼럼 제목을 보면 "민간병원 의료진들이 유럽 병원들보다 실력이 좋아 환자를 많이 살렸다"고 주장한 것으로 보이지만 대한민국 의사들은 그런 주장을 한 적이 없다. 그럴 리도 없는 것이 사태 초기에는 치료제가 전무해서 코로나19 감염 후 생사를 결정짓는 것은 호흡기 증상이 악화됐을 때 적절한 인공호흡기 치료를 받을 수 있는 지 여부이고 일단 인공호흡기를 건 후의 생존은 치료의 질보다는 나이, 동반 상병 등 환자의 기저 상태에 따라 결정되기 때문이다.

김윤 교수 본인도 썼듯이 공공의료기관에서 75%의 환자를 보았다고 하지 않았는가? 이런 상황을 마치 의사들이 '민간병원이 공공병원보다 의료진이 우수해 환자를 많이 살렸다'고 주장한 것처럼 사실 무근한 주장을 하면서 공공의료 필요성을 억지로 엮어냈다.

그런 과정에서 실체도 없는 민간병원과 공공병원 의사들의 대립과 갈등 구조가 새로 생기고 정부가 일자리를 안 만들고 시장에 내팽겨쳤기 때문에 민간부문에 종사할 수밖에 없었던 의사들은 악당이 됐다.

장사를 제대로 하게 했어야 장사꾼이라 욕을 하지요

이런 불필요한 갈등을 조장하는 것은 정책을 만든다는 사람의 기본 자세는 분명 아니다. 2017년 6월 1일 중소기업중앙회관에서 열린 한국의료·재단연합회 정책토론회 및 제13회 정기총회에서 김윤 교수는 '한국은 OECD 평균에 비해 2배가 넘을 정도로 병상 공급 과잉 상태'라면서 '병상을 채우기 위해 대형병원으로 환자 쏠림 현상이 일어나자 생존을 위해 중소병원은 급성기 의료를 포기한 채 요양병원 형태로, 의원급은 필수적이지 않은 비급여 진료를 늘리고 있다'고 진단했다.

이 논의도 후에 300병상 이하 병원 퇴출을 주장하기 위해 이용돼 많은 논란을 낳았지만 한 입으로는 "병상 수를 줄여야 한다" 하고 다른 입으로는 "공공병원 확충을 위한 병상 수를 늘려야 한다"는 모순을 말하고 있다.

물론 "지역의료의 균등한 분포와 과잉공급 병상 문제를 해소하기 위해 취약지 의료법인 병원을 정부나 지자체가 인수 합병해 300~500병상 규모로 운영하는 방안을 모색할 필요가 있다"는 대안을 제시하기는 했지만 가장 중요한 재정에 대해서는 어떤 의견도 제시하지 않았다. 이는 자본주의 국가에서 '사유재산 몰수'가 가능하다는 생각을 가지고 있지 않고서는 가능하지 않은 발상이다.

    실질적인 정책을 실현시킬 능력이 안 되는 것에 대해 '관료주의' '공무원의 복지부동' 탓을 할 수는 있다. 그러나 우리나라의 보건의료정책에 관여하는 사람들은 공통적으로 의사들 개개인에 대한 비난이라는 손쉬운 길을 선택한다. 정책이라는 판을 깔아놓으면 그 위에서 일을 할 뿐인 의사들에 대한 비난은 문제 해결과는 동떨어진 길이다. 그 과정에서 악화되는 불신과 불신 비용, 전문성 말살, 인간에 대한 사라진 신뢰를 첨단 검사와 기계들이 대체하고 결과적으로 나타나는 대형 병원 쏠림에 대해서는 이들은 아무런 책임을 지지 않는다. 서울대 의료관리학교실 출신들은 우리나라 보건의료정책을 다루는 모든 요직에 포진하고 있다. 이들이 일선 환자 진료 경험이 없다는 것은 잘 알려진 사실이지만 그보다 중요한 것은 선의만으로는 현실을 개선할 수 없다는 점을 인식하지 못한다는 것이다. 이들의 수장인 김용익 전 서울대 교수는 현재 국민건강보험공단 이사장으로 재직 중이다. 그는 얼마 전 국민건강보험공단 고객센터 노동자들이 직접 고용을 요구하며 파업을 벌이자 단식으로 응수함으로써 많은 사람들을 경악하게 했다. 3일 만에 끝난

이 해프닝은 힘의 불균형이 심한 상황에서 약자들이 생명을 걸고 자신의 신념을 표출하기 위해 하던 단식이라는 극단적인 행위를 이런 상황에서 이용했다는 것만으로도 주요 기관의 수장으로서 김용익 이사장이 가지고 있는 자질과 현실 인식 수준을 잘 보여준다.

대한민국 의료의 미미한 부분만 차지하고 아직 개념조차 불분명한 공공의료가 그렇게 중요하다면 지금 의료의 절대 다수를 차지하는 민간병원들이 행하는 의료는 과연 무엇일까? 그냥 돈벌이 수단이고 악의 근원일까?

우리나라의 의료는 국민건강보험제도가 수가를 통제하고 있고 건강보험수가는 공공의료기관이나 민간병원이나 모두 동일하다. 또한 종합병원급 이상의 대형병원은 민간병원이라도 필수진료과목을 두도록 강제하고 있으며 필수진료과목은 수지타산을 이유로 함부로 없애거나 할 수 없다. 물론 경영자가 많은 핍박을 주고 인력 지원을 제한해 정상적인 진료가 안 되는 지경까지 몰아 붙이는 일은 수도 없이 많고 거기에 대해서 정부는 뒷짐만 질 뿐 어떤 제재도 가하지 않는다. 흉부외과 등 전공의 기피과의 문제도 기실은 과의 경영을 수지타산을 따지는 민간자본에 떠넘겨지기 때문이다.

한편, 의료기관 개설은 의료인이나 국가 또는 비영리법인만 할 수 있고 영리회사의 참여가 원천적으로 봉쇄돼 있다. 이처럼 민간이 운영하는 의료기관이 절대 다수임에도 대한민국의 의료기관은 국가의 강력한 개입 하에 놓여 있다. 현실이야 어떻든 대한민국 병원 치고 대놓고 영리를 추구할 수는 없고 강력한 제도에서 통제받지 않는 기관은 없다. 이런 정부의 통제 수단이 의료기관의 돈벌이를 얼마나 효율적으로 억제하는지는 완전히 다른 이야기이고 이에 대해서는 별도로 살펴보겠다.

의사들의 불만이 터져 나오는 것이 이 지점인데 '왜 내 돈 들여 병원 만들었는데, 내 맘대로 돈을 벌 수 없게 하느냐'는 것이다. 국민들의 시각과는 큰 괴리가 생기는 지점이다. 이런 상황에서 존재감조차 없는 공공병원들을 일방적으로 치켜세우며 자영업자와 같은 정도의 위험을 부담하면서 의료 전선에 섰던 의사들을 악덕 장사꾼으로 몰아붙이는 것은 공정한 시각은 아니다.

공공의료의 젠트리피케이션

공공의료에 대한 논란의 시발점이 됐던 진주의료원 폐업 사태를 복기해 보자. 2013년 5월 홍준표 당시 경남지사는 '의료공급 과잉과 귀족노조 때문에 야기된 수익성 악화'를 문제 삼아 진주의료원을 폐쇄했다. 당시 홍 지사 측은 "환자도 없는 주제에 강성노조가 복리후생비만 챙겼고, 주변의 민간병원에 비해 의사·간호사의 급여가 너무 높아 만성적자를 피할 수 없었다"고 주장했다.

특히, 근속연수가 오래된 간호사들의 높은 급여를 문제 삼았는데 진주의료원 간호사들의 평균 근속연수는 우리나라 대다수 병원의 간호사 평균 근속연수보다 훨씬 긴 15년이었다. 홍 지사 측이 문제 삼았던 장기근속 간호사들이 더 받아가는 급여는 연 1,100만 원이었다. 병원에 경력 간호사가 얼마나 있는지에 따라 환자의 생명이 오가는 일이 많은 현실에서 연봉 1,100만 원을 아까워한 것이 우리나라 정치인들의 수준이다.

환자들이 진주의료원을 찾지 않은 가장 중요한 이유는 의료진의 수준이 낮거나 태만했기 때문이 아니었다. 진주의료원은 원래 진주의 중심가인 중안동에 위치하고 있었으나 김태호 경남지사 시절에 도시 현대화와 진주시 내 지역균형발전을 이유로 초전동이라는 대중교통 접근이 어려운 외진 곳으로 옮겨 버렸다. 젠트리피케이션의 공공의료원 버전이라 할 수 있는데, 진주의료원뿐 아니고 대부분의 공공의료원은 노른자위 땅을 내주고 접근성이 나쁜 곳으로 이주한 것이 현실이다.

2020년 코로나19의 직격탄을 가장 먼저 맞았던 대구시에 서 있었던 일도 크게 다르지 않다. 2010년 의료 취약 계층을 주로 치료하던 대구적십자병원은 만성적자를 이유로 진주의료원보다는 더 조용히 폐쇄됐다. 그 후 10년 가까이 방치됐다가 부동산 가격의 상승과 함께 대구시는 적십자병원 부지를 건설업자에게 팔았다. 코로나19가 맹위를 떨치던 2020년 2월 대구적십자병원 부지는 주상복합 건축으로 거듭나고 있었다. 그러나 2008년에 대구를 세계 최고 수준의 의료도시로 키우겠다고 연 2,000억 원 가까운 재정을 투입하며 시작한 '메디시티 대구' 프로젝트가 무색하게 대구는 코로나19 사태 초기에 의료 붕괴를 체험해야 하는 참혹한 현실을 맞아야 했다.

돈 계산 좀 해봅시다

몇 해 전 크리스틴 라가르드 당시 국제통화기금(IMF) 총재가 재미있는 말을 한 적이 있다.

"역사적으로, 그리고 지금까지도 전 세계의 모든 가정에서 살림하는 건 여성들이고 아주 그 일을 잘 하고 있다. 그런데 내가 상대하는 전 세계 주요 금융기관 수장들은 모두 남성이다. 지금의 모든 경제문제는 여기서 비롯되는 것이 아닌가 한다"

매일매일의 살림을 미주알고주알 따지는 현실적인 여성들에 비해 남성들이 거시경제를 다룬답시고 허황된 발상을 쉽게 하는 것을 비판한 말이었다. 사회의 어느 분야든 어떤 문제가 발견됐을 때 가장 쉽게 그 원인을 찾는 방법은 이처럼 돈의 흐름을 미주알고주알 따져 보는 것이다. 이번에 큰 문제가 된 의료 공공성도 돈의 흐름을 떠나서는 논의할 필요조차 없는 사안이다.

다음의 그림을 살펴보자. 인구 1인당 의료비 지출 대비 기대수명을 나타내는 그림으로 한 국가가 얼마나 의료에 관련된 살림을 잘 하는지를 보여준다. 가로축이 지출, 세로축이 결과인데 일반적으로 어느 나라의 기대수명이 그 나라의 의료 수준을 보여주는 지표로 가장 흔히 통용된다.

우선 눈에 딱 띄는 국가가 미국인데, 들이는 돈은 타의 추종을 불허할 정도로 높은데도 기대수명은 형편없이 낮아 칠레보다도 못한 수준이다. 이른바 공공의료 신봉자들이 강조하

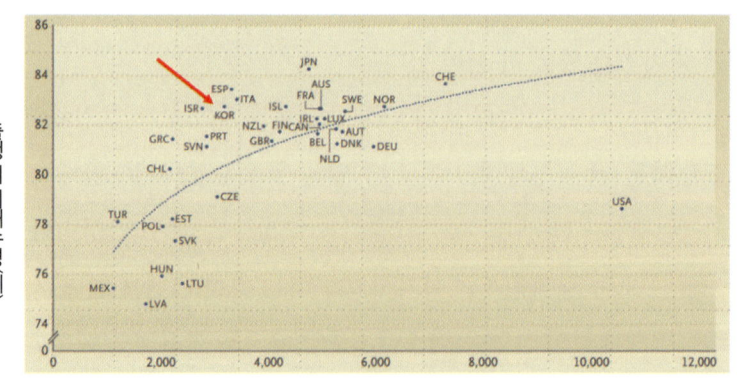

OECD 국가들의 의료 지출 대비 기대 수명. 붉은 화살표가 한국.
(출처 : New England Journal of Medicine)

는 나쁜 본보기다. 가로축의 왼쪽에 치우친 의료비 지출이 아주 적은 나라들은 논외로 하고 우리가 선진국이라 말하는 국가들은 대부분 곡선 내에 위치하면서 투입되는 비용과 결과의 효율이 어느 정도여야 하는지를 보여준다. 이 곡선의 위에 위치하면 들인 돈에 비해 결과가 좋은, 즉 아주 살림을 잘 하는 나라들인데 우리나라가 이에 속한다. 우리나라는 스웨덴·노르웨이·덴마크 등의 최상위 선진국들보다 돈을 절반 정도 밖에 쓰지 않으면서 기대수명은 더 높은 수준이다. 물론 어떤 정책 전문가들은 이 그림을 보고 우리나라의 의료 수준 때문이 아니고 식습관이 좋아서 오래 사는 것이라고 애써 의료의 역할을 평가절하 하는데 이런 사람들은 한편으로 건강 수준을 높이기 위해 의사를 많이 만들어야 한다고 주장하는 모순적인 태도를 취한다. 편협함 때문에 사실을 마음대로 재단하기 때문이지 악의 때문은 아니라고 믿는다.

의료전달체계를 망가뜨린 주범

그렇다면 이렇게 살림을 잘 하게 된 원인이 어디에 있는지를 따져봐야 하는데 여기에 대해서는 관련자 모두 서로 자기가 잘 했다고 주장할 수 있겠지만 필수 의료접근성의 중요성은 결코 무시할 수 없는 요인이다.

이번 정부의 주장을 들어보면 우리나라가 의사가 매우 부족해 꼭 필요한 의료를 제공받지 못하는 나라인 것처럼 오해를 할 수 있으나 그것은 전혀 사실과는 다르다. 대한민국이 전 세계에서 의료접근성이 가장 높은 나라라는 것은 공인된 사실이다. 물론 산간벽지에 아직 의료의 혜택을 받기 어려운 지역이 있는 것은 사실이나 그것은 어떤 선진국에서도 공통으로 보이는 현상이고, 우리나라 의료시스템을 통째로 뜯어고쳐야 할 이유가 되지는 않는다. 그것이 정말 심각한 문제라면 응급이송체계에 더 재원을 배분하는 것이 가장 비용효율적인 방법이 될 것이다. 만일 전체 의료시설을 확충해 이것을 손보겠다고 마음을 먹는다면 이제는 이 그래프에서 우리나라의 위치를 지금보다 훨씬 오른쪽으로 옮겨가야 한다. 즉, 이미 최대의 효율로 운영되는 시스템이기 때문에 더 개선하려면 거기에 걸맞은 추가 비용이 발생해야 한다는 의미다.

이번에 문제가 된 지역 간 편차는 어떨까? 대한민국 의사들은 돈밖에 모르는 파렴치한 집단이어서 지방으로는 가지 않는다는 주장도 거짓이다. 널리 알려진 대로 보수는 지방이 더 높다. 서울에 대부분의 수련병원이 위치하고 있고 거기에 따라 전공의 등의 저임금 군이 상대적으로 높기 때문에 급여가 실제보다 낮게 잡힌 면은 있다. 따라서 아마도 서울과 울산에서의 급여 차이가 아래 그림처럼 두 배까지 되지는 않겠지만 어쨌든

급여만으로는 서울에 의사가 많은 것을 설명할 수 없다. 그럼에도 2020년 파업 기간 중 "의사들이 돈밖에 모르는 파렴치한 이어서 서울로만 몰린다"는 황당한 주장은 무한대로 확대재생산 됐다. 서울을 비롯한 대도시에 의사가 편중되는 현상은 우리나라 의료의 고질적인 문제인 의료전달체계의 붕괴를 떠나서는 이야기할 수 없는데, 정책입안자들은 자신들이 의료전달체계를 망가뜨린 주범이라는 사실도 인정하지 않고 있다.

지역별 전문의 1인당 인건비 (단위:원)

지역	인건비	지역	인건비
울산	2억6300만	충남	1억6600만
경남	2억1200만	부산	1억6300만
경북	1억9700만	인천	1억6100만
충북	1억8100만	제주	1억6000만
전북	1억7100만	대구	1억5300만
경기	1억7000만	대전	1억5200만
강원	1억7000만	광주	1억3700만
전남	1억7000만	서울	1억3200만

지역별 전문의 1인당 인건비,
100병상 이상 종합병원 대상, 2014년 기준,
한국 보건산업진흥원 자료

괴물도시 서울, 의사의 밀도

OECD 국가들의 도시·농촌 의사 수를 비교한 데이터를 보자. 가로축이 인구 1,000명당 의사 수인데 이 분포가 가로로 길수록 의사 수의 편차가 큰, 즉 의사들의 분포가 불균형한 국가다. 여기에서도 우리나라는 아주 모범적인 국가에 속하는데 기준 국가 어느 곳에 비해서도 가로축이 짧다. 즉, 분포가 균일하다. 물론 절대적인 숫자는 적다.

눈여겨볼 점은 수도 대 다른 지역의 편차인데 모든 국가에서 그 나라의 수도는 다른 지역에 비해서도 외딴섬임을 알 수 있다. 위에서부터 오스트리아·벨기에·덴마크 등 이른바

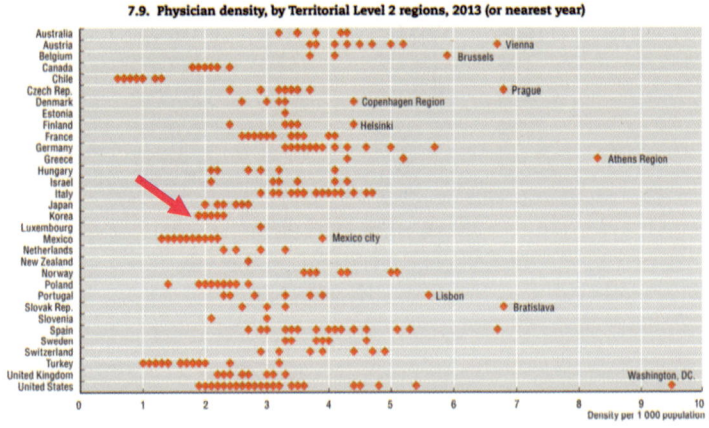

OECD 국가들의 인구 1,000명당 의사 수의 지역별 차이. 붉은 화살표가 한국.
(출처: OECD stat)

OECD 모범 국가에서도 비엔나·브뤼셀·코펜하겐은 다른 지역과 비교도 되지 않을 정도로 의사 분포가 높다. 서울이 이런 국가들의 수도와는 완전히 다른 성격의 도시, 즉 대한민국 인구의 절반이 모여 있는 괴물도시라는 점까지 감안하면 우리나라의 의사 수의 도농 격차는 이례적으로 낮은 수준이다.

그럼에도 정부는 인구 당 의사 수가 가장 적은 지역과 서울의 차이(일정 수준의 격차가 있을 수밖에 없는)만 선택적으로 보여주고 그렇게 의료접근성이 떨어지는 곳에서 벌어지는 좋지 않은 사례만 강조하면서 싸구려 감성팔이로 여론을 호도한다. 그래서 제대로 된 데이터를 보여주면 "데이터로는 이야기할 수 없다"는 식의 정책입안자로서 하는 말이라고는 믿어지지 않는 발언도 서슴지 않았다. 웬만한 OECD 관련 데이터를 찾아보는 것은 이제 누구든지 할 수 있는 일이고 더 이상 과거와 같이 멋대로 데이터를 유용하는 것은 안 되는 시대인데 정치권이 통계청까지 움직이면서 데이터를 호도한 역사가 있었다는 것이 떠오른다.

자급자족·각자도생…슬기로운 의사생활

다시 데이터를 살펴보자. 다음의 OECD 데이터에서 세로축은 각 국가의 1인당 미국달러로 환산된 의료비용 지출이다.

분명히 앞의 그래프에서 우리나라는 돈을 안 쓰는 국가로 돼 있었는데 여기서는 6번째로 지출이 많은 국가다. 어떻게 된 일일까? 이 데이터는 개인의 총 지출비용을 의미한다. 즉, 우리나

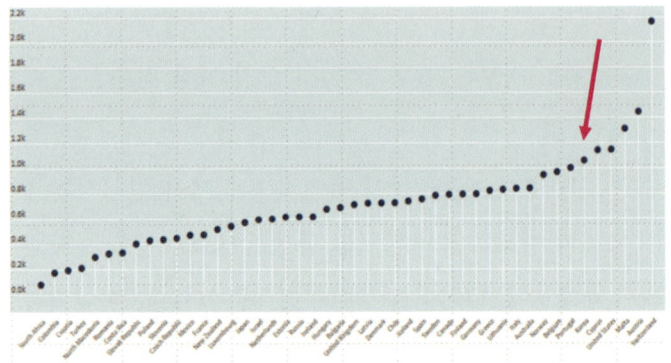

OECD 국가의 1인당 개인 부담 의료 지출, 붉은 화살표가 한국
(출처 : OECD stat)

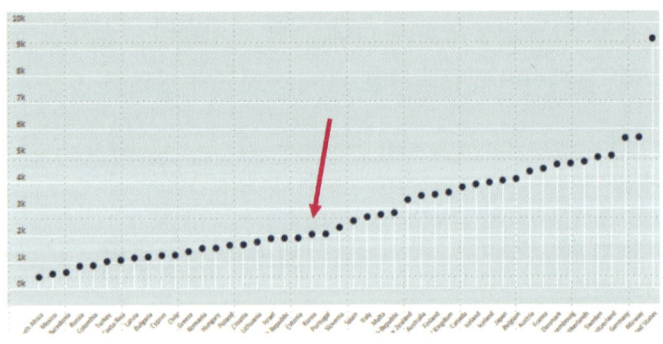

OECD 국가의 1인당 공적 의료비 지출, 붉은 화살표가 한국
(출처 : OECD stat)

라 기준으로는 본인부담금·실손보험 같은 비용이 여기에 들어 간다. 이번에는 정부 지출과 강제의료보험료라는 공적 비용을 보자. 우리나라의 위치가 기준 국가들 중 가장 꼴찌로 밀려서 체코공화국이나 몰타보다도 낮은 수준이다. 공적 비용과 개인 지출 의료비용을 합한 비용이 총의료비용인데 우리나라의 총 의료 지출 비용은 다른 OECD 국가들에 비하면 높지 않다고 해도 본인 부담이 1/3을 차지하기 때문에 일반 국민이 체감하는 의료비 지출은 그리 낮지 않을 수 있다.

우리나라 건강보험은 국민건강보험법 제108조에 따라 당해 연도 예상 수입액의 약 20%를 국고에서 지원받도록 돼 있다. 건강보험 재정의 국고 지원은 1989년 단일국민건강 보험제도 시행 후 저소득층의 재정부담 문제를 해결하기 위해 사회적 합의가 이루어졌던 부분이다. 그러나 지난 시간 그 약속은 지켜지지 않았고 국고 미지급금이 24조 원이 넘는 것은 잘 알려진 사실이다. '문재인케어'를 천명한 것이 무색하게 2019년 국고 지원 비율은 11.4%로 박근혜정부(2015년 13.3%) 때보다 감소했다. 의료정책을 집행하는 사람들은 덧셈·뺄셈부터 배워야 할 것 같다.

결론적으로 우리나라 의료 살림은 철저한 자급자족, 즉 '의료보험료'로 명목이 적시된 금액과 의료보험료로 충당되지 않는 비급여 의료행위 등에 대한 비용을 지불하기 위한 개인의 각자도생으로 재원을 마련하고 있다. 필수진료에서 특히 더 혹독한 정부의 수가 억제책은 어떻게 해서든 지출이 수입 안에서 해결되도록 찍어 누르는 역할을 한다. 의사 1인당 OECD 국가들을 훨씬 웃도는 환자 수는 이런 상황에서 의사들이 기대수입을 유지하기 위한 방편이다.

그래프에서 보듯이 비용은 들이지 않았는데 좋은 결과가 나왔다면 그것이 어떻게 가능하게 된 것일까? 그것은 전적으로 의료인력(의사뿐이 아니다. 보건의료의 모든 인력이다)들을 갈아 넣은 결과일 뿐이다. 우리나라에서는 건강보험 수가를 책정하면서 한 번도 제대로 된 의료인들의 인건비를 고려한 적이 없다. 이런 상황에서 의사를 늘려 의사 1인당 진료하는 환자를 줄이겠다고 말하면 의사들 입장에서는 일방적이고 대폭적인 수입 감소를 감내하라는 메시지로밖에는 들리지 않게 된다. 그것도 아무런 안전망도 없이 말이다. 지금도 개원의들이 경영난에 몰려 자살을 하는 일이 그리 드물지 않은 것이 현실이다.

국가가 병원을 운영하는 것은 고사하고 제대로 보조하는 것도 본 일이 없는 젊은 의사들의 경우에는 더 말할 나위가 없다. 병원들은 늘 기업처럼 운영이 돼 수입을 못 올리면 일자리조차 위협받고, 병원을 나가서 개업을 하면 동네 식당 형태의 각자도생·무한경쟁에 몰릴 거라는 위기의식이 젊은 의사들의 분노를 촉발한 것이 2020 의료사태의 가장 근본적인 원인이다.

보건의료예산 10년째 제자리걸음

　그러면 부족한 재원을 어떻게 더 마련해야 할까? 이미 건강보험료를 올리는 것이 다른 세율을 올리는 것보다 더한 '조세저항'을 불러일으킬 것을 잘 아는 터라 표 걱정이 될 것이고, 또 선심은 써야 할 테니 위정자들의 고민이 깊어질 수밖에 없을 것이다. 그렇다면 답은 의료보험료와 별도의 세수를 마련하여 의료재정을 마련하는 방법밖에 없다. 다음의 그림을 보자. 2006년도부터 2016년까지 보건복지부의 예산 증가 현황이다. 10년간 사회복지 예산은 큰 폭으로 늘었지만 보건의료 예산은 제자리걸음이었다. 정치인들 입장에서야 큰 생색이 나는 사회복지 예산을 확충하는 것이 유리하지 지금도 시장논리에 의해 방치된 가운데 최대의 착취와 가성비로 잘 돌아가고 있는 보건의료 예산을 굳이 지원할 필요는 없기 때문이다.

　그런데 민주당 정부는 '공공의료'라는 뇌관을 건드림으로써 보건의료예산에 대한 논의를 피할 수 없게 만들었다. 문재인 대통령이 취임 직후 서울성모병원 로비에서 주먹 쥐고 '문재인케어'를 천명한 후 이미 이 문제가 시작된 것이나 다름이 없다. 그러나 문재인정부에서 기본적인 의료 살림의 상황이 나아졌을까? 주먹 쥔 선언이 무색하게 문재인정부 들어서 무엇보다 전체 보건복지 예산의 증가 자체가 매우 빈약했다. 최근

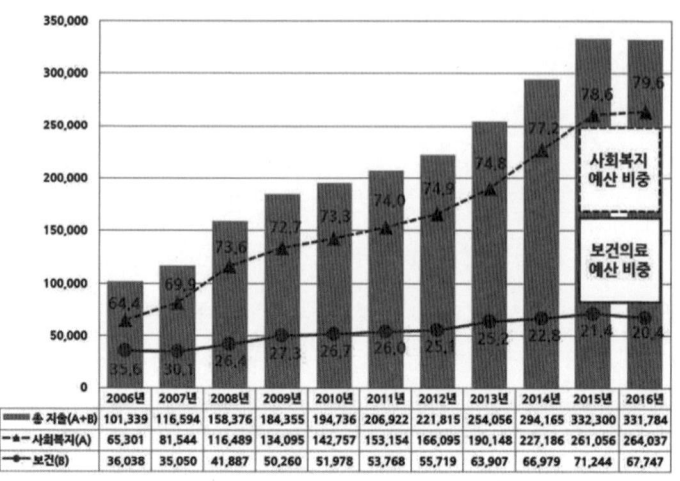

출처 : 의학신문 http://www.bosa.co.kr/news/articleView.
html?idxno=2058399

3년간 기획재정부 예산심의 과정에서 사회간접자본(SOC, 기본적으로 나라가 벌이는 크고 작은 공사 재정) 예산이 약 13% 증가하는 동안 보건·복지·고용 예산의 증가율은 2%대에 그친 것으로 나타났다.

장혜영 정의당 의원은 3년 동안 기재부 예산심의 과정에서 국회에 제출한 정부 예산안을 비교해 보고하면서, 문재인정부가 출범 직후 내세운 "SOC보다 사람이 우선"이라는 재정기조가 무색해졌다고 평가했다. 장 의원은 국회가 예산 항목의 금액을 늘리거나 새 비목을 설치하려면 정부 동의를 얻도록 규정한 헌법 조항 때문에 "예산안 편성 권한이 기재부에 지나치게 집중되고 폐쇄적인 것은 아닌지 평가가 필요하다"고 말했다.

　전체 보건복지예산 자체가 저렇게 처리된 바에야 보건 의료 예산이 어떻게 깎여 나갔을지는 살펴볼 필요조차 없다. 기획재정부(기재부)의 탓으로 돌리고 싶겠지만 결국 기재부도 현 정부의 일원일 뿐이므로 '누워서 침 뱉기' 내지는 무능함을 자인하는 것이라고 볼 수밖에 없을 것이다.

　그렇게 보건의료예산에 인색한 결과 2015년 우리나라를 강타한 메르스사태 이후 오히려 공공의료기관의 비중이 줄었다. 공공의료를 확충하는 데 있어서 핵심은 정부의 재정지원인데도 불구하고 이 데이터를 보면 정부가 공공의료에 대한 고민

연도별	기관수/병상수	공공의료기관	공공(비중)*
2012	기관수	200	6.1%
	병상수	60,005	11.7%
2013	기관수	201	5.8%
	병상수	59,650	10.8%
2014	기관수	211	5.7%
	병상수	62,943	10.7%
2015	기관수	212	5.8%
	병상수	61,650	10.4%
2016	기관수	220	5.8%
	병상수	62,991	10.3%
2017	기관수	221	5.7%
	병상수	64,385	10.2%
2018	기관수	224	5.7%
	병상수	63,924	10.0%

보건복지부 2019년 국정감사 제출 자료(2018년 12월 기준).
산출방법 : 공공의료기관(병상수) / 병원급 이상 의료 기관수(병상수)
공공의료기관 : 보건소(보건의료원 포함), 보건지소, 보건진료소 등 공공보건기관 제외
(출처 : 뉴스더보이스 헬스케어)

을 한 번이라도 해본 적이 있는지 의심하게 된다.

실종된 4조 목표

그 동안 민간병원을 인수해 공공의료시설로 전환하려는 움직임이 있을 때마다 "적자투성이 공공병원을 왜 더 지으려고 하느냐"는 비판이 끊이지 않았다. 이런 분위기 속에서 공공병원 설립을 계획하며 500억 원 이상의 사업비가 들어가게 될 때 필수적으로 거쳐야 하는 기재부의 예비타당성조사(예타)를 통과한 경우는 한 번도 없다. 지금도 대전의료원이나 서부산의료원의 경우 2년이 넘도록 예비타당성조사 결과가 발표되지 않고 있다. 그리고 정부가 2019년에 지역의료 강화 대책을 발표하며 권역별 공공의료기관 확충을 천명했는데 이 대책 역시 기재부의 예비타당성조사를 통과할 가능성도 없는 상황에서 나팔만 분 것에 지나지 않았다.

김경일 참여연대 사회복지연대 사무국장은 공공 병원의 기본 설립비뿐 아니라 운영비 지원까지 고려할 것을 주장했다. 그 이유는 예타를 통과한들 건물만 덩그러니 5:5 매칭으로 지어놓고 운영비 등은 지방정부에 떠넘기는 현실을 타개하기 위한 것이다. 그는 "공공의료시설 설립에 대한 평가와 권한은 중앙정부에서 다 쥐고 있으면서 짓고 나면 모든 운영은 지방정부의 책임으로 전가하는 것은 중앙정부에서 공공의료를 사회안전망으로 유지할 의지가 있는지 의심스러울 정도로 무책임해 보인다"고 비판했다.

현재 지방의료원들은 모두 독립채산제로 운영되고 있는데, 이는 의료원이 알아서 돈벌이 하도록 떠밀고 있는 꼴이다. 그 결과 코로나19사태가 맹위를 떨치던 초기에 영암의료원에서는 임금체불 사태까지 벌어졌다. 이런 상황인데도 공공의료원의 적자는 국정감사에서 국회의원들의 단골 공격대상이 되고 있다.

2014년 국회 보건복지위 감사에서 새누리당 김제식 의원은 "복지부와 13개 시·도는 공공의료법과 지방의료원법 등에 따라 지방의료원에 시설·장비 확충비용 및 운영 경비 등을 지원하고 있다"며 "그러나 공공의료원 33곳의 적자 규모는 800억 원에 이른다"고 지적했다. "적자인데도 지방의료원들은 공공의료기관이라는 이유로 '착한 적자' 타령에 빠져 경영부실을 해결할 의지가 없다"고 꼬집고, "공공의료원의 적자를 해소하기 위해 자구노력이 필요하다"고 주문했다. 공공의료원 재정문제에 대한 공격은 진영을 가리지 않았는데 새정치민주연합 김용익 의원(현 국민건강보험공단 이사장)은 "공공의료원 적자는 경영을 잘 못하니 발생하는 것"이라며 "국민의 돈으로 당연히 정부가 지원해야 한다는 생각이 떳떳한가. 그렇기 위해서는 스스로 노력해야 한다"고 지적했다.

　모두들 의료가 산업이라는 시각에서 한 치도 벗어나지 못한 모습을 보이고 있다. 부도덕한 사람들이 맘먹고 게으름을 피우는 것도 아닌데 왜 공공의료기관은 만성적자일까? 뒤집어 말하면 악의 축으로 규정되는 민간병원들처럼 수입을 내기 위해 혈안이 되지 않으면 우리나라의 병원은 운영이 안 된다는 것을 자인하는 꼴은 아닐까?

　2005년 참여정부는 〈공공보건의료 확충 종합대책〉을 수립하고 2009년까지 공공의료기관을 30%까지 확충하겠다는 원대한 목표를 세웠다. 당시 4조 원의 투자 목표까지 설정했지만 그 후 이 정책은 실종됐다. 2018년 보건복지부에서 발표한 '공공보건의료 발전 종합대책'을 보면 재정 확충에 대한 내용은 단 한 줄 "지방의료원·적십자병원 기능 보강 예산 84% 증액(2018년 530억 원 → 2019년 977억 원)"만 나온다. 그리고 2020년, 정부는 재정 확보에 대한 내용은 전혀 없이 공공의료를 위해 의사를 늘리겠다는 의과대학 정원 확충만 대대적으로 선전했다.

　필요한 재정을 확보하는 능력조차 없으면서 허황된 청사진만 제시하는 정부, 그리고 갈등이 표출되자 문제의 핵심은 방치한 채 '의사 대 국민'의 편 가르기에 돌입한 정부를 과연 국민은 어떻게 보아야 할까?

편의점 및 IT노동자라고 밝힌 박진웅 씨는 2020년 9월 14일자 〈경향신문〉에 '지방의료 정상화, 싼 값에 얻을 수 없다'는 기고문에서 다음과 같이 썼다.

『20년간 수포로 돌아간 지방의료 정상화의 실패는 결국 돈을 쓰지 않아 일어난 일들이다. 의료는 비싼 것이다. 값싸게 얻을 수 있는 것이 아니다. 의대생을 늘리는 일이 지방의료에 도움이 되려면 그들이 배우고 수련할 규모의 병원이 필요하다. 약사·간호사·영상기사 등 다른 분야의 전문 인력과 원무과·편의시설 등을 운용할 사람들도 있어야 한다. 이들이 지방에 안착하기 위한 국가의 재정지원이 장기간 필요하다. 10년, 20년 이상의 적자를 각오해야 한다. 20년이 지나는 동안 바뀐 게 없는 현실 속에서 나는 파업을 감행한 의료계와 그들을 비판한 시민들 모두에게 묻고 싶다. 의료인들은 적절한 보상과 제도가 있다면 지방에서의 삶을 감수하고서라도 지방의료에 헌신할 것인가? 시민들은 이를 위해 늘어나는 건강보험료와 세금을 부담할 수 있는가? 두 집단 모두 이 질문에 답하지 못한다면, 지방의료는 앞으로도 절망적일 것이다. 부디 20년 뒤에는 같은 질문을 하는 사람이 없었으면 하는 바람이다.』

의료정책에 관여하는 어떤 고위관료나 학자들보다 심금을 울리는 내용이었다. 이에 대한 답은 이건세 건국대병원 예방의학과 교수가 시행한 연구 결과에서 어느 정도 실마리를 얻을 수 있다.

2014년 1,213명의 성인 남녀를 대상으로 한 설문조사에서 응답자의 67.7%가 "공공병원 적자 시 공공병원 유지 여부에 대해 "유지"로 응답했고, 66%는 "추가 세금을 부담할 의향이 있다"고 답했다. 지금은 더 나아졌을 것이다. 세수를 더 부담하겠다는 일반인들의 인식수준도 못 따라가는 정부가 아닌가 하는 의심이 든다.

공공의료가 의사들 책임인가?

'공공의료', 더 넓게는 의료의 공영성이 중요하다는 것은 코로나 사태를 거치면서 삼척동자도 알게 된 사안이지만, 의료의 공영성을 실현하는 것은 정치인들의 레토릭만으로는 어림도 없다. 정부가 운영하고 책임지는 병원을 만드는 것이 유일한 실현 방안으로 이를 위해서는 '재원 확보'밖에 답이 없기 때문이다.

김서중 성공회대 교수는 기획재정부가 〈YTN〉과 〈서울신문〉의 정부·공기업 지분 매각을 결정한 과정을 두고 일반인들이 흔히 '공(公)'과 '민(民)'이 짝을 이루는 대구(對句)라고 착각하는 현상을 지적했다. "'공(公)'의 짝은 '사(私)'가 맞으며 '공기업의 민영화'라고 하면 정부가 독점하던 것을 시민들에게 참여할 기회를 제공하는 듯한 어감을 불러일으키지만 실상은 '공기업 사영화'가 맞는 표현이고 …(중략)… 대부분의 지분과 경영권을 자본에 넘기는 행위다. 즉, 공적 가치를 포기하는 정책 결정이다"라고 말한 바 있다. 지금의 의료 현실이 딱 그러하다.

우리나라 의료는 상황이 더 심각해 아예 정부가 팔아넘길 공적 영역이 없다시피 한 상태다. 그러나 국민들의 인식 속에는 의료행위로 이윤을 추구한다는 것에 대해서는 알레르기 수준의 반감이 있다. 물론 그것은 우리나라뿐 아니고 세계 모든 나라에서 공통적인 현상이다. 그런 이유로 미국을 제외한 서구 선진국들에는 의료의 공영성이 굳건히 유지된다.

그런데 우리나라의 의료정책 관계자들에게는 의료 '사영화'라는 것이 거의 콤플렉스 수준으로 작동하는 것 같다. 필요한 재원을 마련할 생각이나 능력은 조금도 없으면서 항상 입으로는 '공공의료'를 부르짖는데 더 나쁜 것은 의료공영성의 문제가 의사들의 책임인 것처럼 몰아가는 태도다.

증세 없는 공공의료는 허구

우리나라 의사들 대부분은 '공공의료'라는 것을 듣지도 보지도 못해 왔다. 수련과정 중 그런 시설을 접할 기회가 없기 때문이다. 물론 의과대학부터 전공의 수련에 이르기까지 교육을 받는 데 있어서 국가의 지원도 받은 바 없다. 당장 수련을 마치면 대학병원 자리 하나 차지하겠다고 '피 튀기는' 경쟁을 해야 하고, 개원한다 해도 동네식당이나 다를 바 없이 자영업자로 무한 경쟁에 내몰리게 된다. 대학병원이라고 나을 것이 별로 없어서 오롯이 수입에 연동하는 연봉제를 책정하는 행태를 보이기도 하고 교수들을 돈벌이 경쟁에 내몰아도 병원 경영자는 어떤 제재도 받지 않는다.

이런 상황에서 '공공의료' 개념이 생긴다면 그것도 매우 이상한 일일 것이다. 토마 피케티의 표현을 따르면 우리나라의 의사들은 모두 '상인 우파'가 될 수밖에 없고 대학교수들도 '브라만 좌파'가 아닌 '상인 우파'의 멘탈을 가지게 된다. 워낙 의료공영성이 빈약하다 보니 일반인들도 공공의료에 대해서 현실과 한참 떨어진 환상을 갖고 있다.

공공의료가 정착된 유럽 국가들에서 진료 대기는 우리의 상상을 초월한다. 의사들의 파업도 매우 빈번히 일어난다. 스웨덴에서는 1970년대 모든 의사의 신분을 공무원으로 만들었지만 이후 제도를 바꿨다. 효율성 때문이었다. 당일에 아무런 장벽 없이 전문의의 진료를 받을 수 있는 세계 최고의 효율성을 자랑하는 우리나라에서 의사가 공무원 신분이 된다면 그런 의사들에게 우리나라 환자들이 과연 적응할 수 있을까? 지금처럼 "빨리빨리"는 더 이상 통하지 않을 것이고 아주 심한 병이 아니라면 상급 종합병원으로 가기도 어려워질 것이다.

그렇다면 이미 사영화된 의료시설이 90% 이상인 우리나라에서 어떻게 돈을 들이지 않고 의료공영화를 이룰 수 있을까? 이미 존재하는 지방병원과 시립병원, 국립병원이 만성적자에 시달리고 있는데도 정부는 재정적 뒷받침을 해준 적이 없다. 그리고 국정감사에서는 이들 병원의 수익률이 낮다는 것이 국회의원들의 단골 지적사항이고 보면, 그리고 팬데믹 상황에서도 임금 체불 사태까지 일어나는 것을 보면 있는 공공시설조차 제대로 건사 못하는 것이 현실 아닌가? 그럼에도 의료공영화를 조금이라도 달성해 보겠다면 가장 비용을 적게 들일 방법은 '사영' 의료시설의 공공성을 강화하는 것이 유일할 것이다. 그런데 이것도 결코 쉬운 일은 아니다.

코로나 감염 환자를 받았을 때 생기는 병원의 손실을 보상해 줄 정도의 비용도 정부가 지불하지 못하겠다면 그 입으로 감히 '공공의료'라는 말을 꺼내서는 안 된다. 우리는 이미 그런 사태가 임금체불이라는 형태로 현존하는 공공의료기관에서 일어났음을 알고 있다. 공공기관뿐 아니고 민간의료기관에서도 황당한 일이 일어났다. 메르스사태 이후 민간병원들은 정부의 지원을 받아 '감염병 전담 병원'으로 지정받거나 감염병 병상을 확보했다. 음압장비 등 추가적인 시설·장비를 설치하고 공간도 분리해야 했다. 감염병 환자 1인당 진료비의 40% 정도만 손실 보상해 주기로 돼 있었기 때문에 수익이 크게 감소할 것을 알면서도 교수들이 의료의 공영성에 대해 경영진을 설득하고 노력한 결과 그 모든 것이 가능했다. 그런데 경악스럽게도 2020년 8월 4일 정부는 이렇게 감염 병상을 마련한 가천대 길병원에 대한 지원을 중단하면서 코로나19 병상 지정을 풀었고 감염병 전담 병원 지정도 해제했다. 이런 조처는 공공의료 강화를 위한 의사 증원 등의 정책을 발표하고 불과 며칠 후에 일어난 일이었다. 당시 감염병 병상 가동률이 10% 이하로 떨어진 것이 이유였는데 그렇게 되자 병원은 더 이상 손실을 감당할 수 없어 음압시설과 칸막이 등을 모두 뜯어내고 일반 환자를 받을 준비를 할 수밖에 없었다.

그러나 코로나 환자가 다시 늘어날 조짐을 보이자 1주일도 채 안 되서 정부는 다시 감염병동을 유지해 달라고 병원에 요청한다.

가천대 엄중식 교수는 "정부가 감염 병상 지원을 중단한다고 한 당시 인천시를 통해 감염병 병상을 줄일 상황이 아니니 조금 더 지켜봐야 한다는 의견을 전달했고 인천시도 (정부에) 병상을 더 유지해야 한다고 요청했다. 하지만 (정부가) 그런 요청을 거부했다"고 말했다. 그는 "정부에서 병상을 관리하는 실무팀이 자리에 앉아서 보고만 받지 말고 현장을 다녔으면 좋겠다"고 비판했다.

그러나 재정을 투입할 의지가 없는 정부 앞에서 실무자가 아무리 열심히 다닌들 이런 문제는 해결되지 않는다.

보건복지부는 병원 경영자의 뒷배?

흔히 하는 논의가 있다. 병원 적자를 이유로 채산성이 낮은 과의 진료를 축소하는 공공의료기관과 그러지 않는 민간의료기관은 어느 쪽이 더 공공성에 가까운가? 해외에서는 영리 추구 행위 여부에 따라 조세감면이나 장비 구입비 지원 등 다양한 유인책을 이용해 민간의료기관의 공공성을 확보하고 있다. 우리 정부도 민간의료기관들의 행태를 더 이상 손 놓고 방치해서는 안 될 것이다. 유인책은 얼마든지 있다.

대학병원들은 상급 종합병원 평가에 목숨을 걸고 있는데 여기에 공공성 항목을 많이 넣으면 유용한 방안이 될 수 있다. 물론 정부도 알고는 있을 것이다. 만일 모르고 있다면 무능이고 알고도 하지 않는다면 악덕이다. 최근 대전을지대병원이 간호사 인력을 유지하지 못해 병상을 비울 수밖에 없다는 보도가 있었다. 경력 간호사를 확보하지 못하는 병원은 그만큼 환자의 안전성을 담보할 수 없는 병원일 텐데 간호사 처우개선을 하지 못하는 이유가 더 놀라왔다. 국회 보건복지위원회 소속 고영인

의원은 대전을지대병원의 회계자료를 공개했는데 2019년 순익은 427억 원, 2018년 486억 원, 2017년은 463억 원, 2016년은 539억 원에 달했다. 그런데 최종 당기순이익은 29억 원의 순손실, 즉 적자가 났다고 발표됐다. 순익은 모두 대전을지대병원의 고유목적사업준비금, 즉 투자나 대규모 건설 계획을 세울 때 쓰는 회계 명목으로 빠져 나갔기 때문이다.

대전을지대병원에서 5년간 쌓인 준비금은 4,415억 원에 달했다. 학교법인 을지학원 을지대의료원은 경기 북부권에 1,200병상 규모의 새 병원을 짓는데 이 돈을 썼다. 고영인 더불어민주당 의원은 "지방의 거점병원에서 벌어들인 수익 대부분이 고유목적사업준비금이라는 항목으로 수도권의 병상 확보를 위한 시설 건설비로 쓰이고 있다"며 "가뜩이나 심각한 지역 의료자원의 불균형 현상을 심화시키고 있으며, 보건복지부의 관련 대책 마련이 시급해 보인다"고 우려했다.

대학병원들이 외형상 덩치를 불리고 고가의 기계를 사들이는 등의 영리 활동을 하는 동안 진료 현장에서 뛰어야 하는 인력을 어떻게 비상식적으로 줄이고 있는지를 보여 주는 좋은 사례다. 물론 정부가 다 알고도 모른 척 해준 사안이다. 보건복지부를 병원 경영자들의 뒷배로 볼 수 있는 것은 이런 현실 때문이다. 병원은 과연 오롯이 사유재산인가? 병원 수입은 국민의 건강보험료에서 창출되는데 병원들이 이윤 극대화를 위해서 창출된 수입을 고가의 기계나 설비를 마련하는 데 함부로 사용해도 되는 것인가? 무엇보다 병원이 이윤을 극대화하는 행위는 정당한 것인가? 민간에 공적 영역을 떠넘기고 방치해 온 우리나라에서 모두 깊이 고민할 사안이다.

그래도 해법이 있다면?

다음은 필자가 2020년 의료파업이 시작될 즈음 〈경향신문〉에 투고한 '슬기로운 공공의료'란 제목의 기고문이다.

『최근 정부와 여당은 우리나라 의료의 해묵은 문제의 원인이라고 생각돼 온 OECD 국가들 대비 낮은 인구 당 의사 수를 늘리기 위해 2022학년도부터 의과대학 정원을 늘려 총 4,000명의 의사 인력을 추가로 양성하기로 결정했다. 예상했던 대로 대한의사협회는 이에 반발하며 총파업을 경고했고 각계각층으로부터 '밥그릇 지키기'라는 비난을 받고 있다.

수치로만 본다면 우리나라 인구 1000명당 의사 수는 2.4명으로 OECD 평균 3.5명에 못 미치고 코로나 사태로 인해 의료 인력이 부족하다는 논리가 힘을 받아 의사협회의 주장은 설 자리가 없어 보인다.

일반 국민들의 입장에서야 상급 종합병원의 미어터지는 진료실을 보면 항상 '의사가 부족해 저렇다'는 생각을 해왔을 터이기 때문에 의과대학 정원 증원은 타당한 정책으로 비칠 것이다.

여기에 더해 높은 수준의 급여를 받는 것으로 여겨지는 의사집단에 대해 공급을 늘려 보상 수준을 깎아야 한다는 300년 전의 경제학 개념까지 더해지면 "현재의 우리나라 연평균 의사 수 증가율(3.1%)은 OECD의 6배 수준이어서 조만간 의사 과잉이 된다"는 정교한 분석도 힘을 잃는다. 눈여겨봐야 하는 것이 병원협회의 행보다.

아직까지 일반인들은 '의사=병원' 개념을 가지고 있지만 현 상황에서 반대 일변도의 의사 협회에 비해 병원협회는 의사 정원 증대를 적극 환영하는 상반된 입장을 고수하고 있다. 의사 증원 찬반을 떠나 이 정책의 성공을 위해서는 의사 증원이 "공공의료 확보"라는 정책의 목표를 충족시켜줄 수 있는지 따져봐야 할 것이다.

증원될 인원이 면허 취득 후 중증·필수 의료기관에서 10년간 의무복무 해야 하는 '지역의사'가 된다는 것이 이 제도의 핵심인데 현재 길게는 8년까지 이어지는 수련 과정이 끝나고 잠깐의 의무 복무 기간을 채운 후 어떤 형태의 근무를 해도 제약이 없다면 이들이 어떤 길을 밟게 될지는 별로 어렵지 않게 예측이 가능하다.

우리나라는 의료전달체계라는 것이 없다시피 하기 때문에 이렇게 대형 사립병원들 위주로 추가 인력이 투입된다면 지금도 폭발적인 성장 일로를 걷고 있는 이들 대형병원들은 그야말로 날개를 다는 모양새가 될 수 있다.

병원들이 수익 증대를 위해 의사들에게 과잉진료를 유도하는 현실에 대해 정부는 어떤 제약도 가한 바가 없는 가운데 대형병원으로 몰리는 의사가 더 많아진다면 의사끼리의 과당경쟁 분위기에서 의사들의 자율성을 침해하는 일이 더 빈번해질 수 있다.

결과는 항상 보상 수준이 낮은 '진료의 질'을 희생하고 상대적으로 수가가 높은 검사에 치중한 진료를 하는 의사들의 승리다. 공공의대를 졸업한 의사들에게 평생을 공무원의 신분으로 복무할 의무를 지우는 것이 과격하지만 유일한 대안이다. 이 과정에서 이들이 받게 될 급여 수준을 투명하게 제시할 수 있다면 우리나라 사회에서는 한 번도 검토된 바 없는 의사집단의 수입에 대한 사회적 합의 수준을 제시하는 첫걸음이 될 것이다.

의료의 본질인 진찰과 상담만으로 얻을 수 있는 적정 수준의 보상에 대한 논의가 시작된다면 검사만 과보상 해주는 현 수가체제의 왜곡도 어느 정도 수정할 논리적 기반이 될 수 있다. 의료가 사람만으로 되는 것은 아니기 때문에 적절한 시설 투자가 동반돼야 하는 것은 물론이다. 이런 안전장치에 대한 고민은 하나도 하지 않은 채 무조건 정원을 늘려 공공의료를 해결하겠다는 발상은 무모하고 위험하다.

경제성 평가는 고사하고 효능조차 제대로 검정되지 않은 수많은 첨단 바이오기술들이 의료 현장을 순식간에 점령하는 현실, 그리고 의료를 산업이라 하며 그것을 규제할 능력도 의지도 없는 보건당국을 바라보면 미래는 암담하기만 하다. 비근한 예가 지금 혹독하게 겪는 부동산 사태다. 거주복지가 가장 필요한 사람들에게 주택을 공급하려는 진정성 있고 정교한 정책 없이 단순히 주택 공급만 늘린 상황에서 가장 큰 이득을 보는 것은 토건세력과 투기세력이었다.

오랫동안 국토부가 토건 사업의 뒷배 역할을 해온 것처럼 보건복지부가 대형병원들 의료장사의 '뒷배' 노릇을 해서는 안 될 것이다. 공공의료에 대한 투자의 첫걸음은 무엇이 의료의 본질인가에 대한 치열한 고민, 그리고 이런 본질적인 행위를 추구하는 의사들의 자율성을 침해하지 않을 제도적 장치가 돼야 한다.』

의사가 부족하다는 이유로 자주 호출된 농어촌지역의 상황을 현직 의사인 정상훈이 〈오마이뉴스〉에 '의사 수 증가율 OECD 1위? 그들이 말하지 않는 진실'이라는 제목으로 다음과 같이 기고한 바 있다.

『다음날 아침 7시 동네의원은 그야말로 인산인해였다. 나는 그날 250명의 환자를 보았다. 단 한 명의 의사가 말이다. 그러자면 정말 '2분 진료'가 아니면 불가능하다. 사실 환자 대부분은 나에게 얼굴 한 번 보여주고 물리치료실로 들어갔다. 농촌에는 내과나 가정의학과 의원에서 물리치료실을 운영하는 경우가 흔하다.』

많은 사람이 이런 기사를 보면 농어촌에는 정말 의사가 부족할 거라 생각한다. 그러나 의사 얼굴 2분 보고 물리치료실로 직행하는 사람들이 정말 의사의 진료가 필요한 사람들일까? 이런 수요는 의사가 없어도 물리치료실 운영만으로 충족해 줄 수 있다. 정부는 병원 중심의 의료서비스가 고령화 사회의 의료, 돌봄 수요를 충족시킬 수 없어 '지역사회돌봄(커뮤니티케어, Community Care)', 즉 돌봄이 필요한 주민들이 자기 집이나 지역사회(Community)에 거주하면서 개개인의 욕구에 맞는 서비스를 누리는 사회서비스 체계로 전환하는 것이 필요함을 인지하고 중점 사업으로 진행하고 있다.

그러나 커뮤니티케어 전문위원장직을 수행하며 커뮤니티케어 조각에 중추적 역할을 담당한 이건세 건국대 교수는 2019년에 수가 개발의 어려움에 봉착해 "심평원의 수가 개발 담당 부서는 뭘 하는지 모르겠다"고 비판했다. 이 교수가 답답해하는 사정은 잘 이해하는데 우리나라 의료 수가는 의료인의 인건비라는 개념을 한 번도 고려한 일이 없기 때문이다.

오롯이 인간의 손에 의해 이루어져야 하는 '커뮤니티케어'에서 어느 정도의 보상 수준을 책정해야 인력을 끌어오고 유지할 수 있을지 심평원은 당연히 답을 낼 능력이 없다. 그러면서 지역에 인력을 충원하지 못하면 또다시 의료인의 윤리성을 가지고 욕할 것이다.

정상훈 씨의 같은 글에서 다른 부분을 보자.

『다른 농촌 내과의원에서 진료할 때다. 한 어르신이 다리를 절며 들어왔다. 발목이 퉁퉁 부었지만 별로 아프지는 않다고 했다. 마침 의원에 엑스레이 장비가 있었다. 어르신은 발목 복숭아뼈 골절이었다. 어르신들은 뼈가 부러져도 통증을 느끼지 못하는 경우가 종종 있다. 당연히 부목을 대야 한다. 나는 간호사에게 가까운 정형외과가 어디 있는지 물었다.

"여기는 정형외과가 없어요. ㅇㅇ시로 나가야 해요"

ㅇㅇ시는 버스로 한 시간쯤 걸렸다. 그러자 어르신도 표정이 변했다.

"아니, 별로 아프지도 않은데 꼭 거기까지 가야 해요? 그냥 며칠 있으면 낫겠죠"

나는 택시라도 타고 가시라고 신신당부를 했다. 어르신은 그러겠다고 답하고 의원을 나섰다. 하지만 그 후에 어떻게 됐는지는 알 수 없었다.

위에서 내가 경험한 농촌 의원 두 곳은 모두 물리치료실이 있었고 환자도 무척 많았다. 근처에 정형외과가 없는 것도 같았다. 정형외과가 들어섰다가 망했다고 한다. 농촌 어르신들은 원장에 대한 '충성도'가 높다. 어차피 물리치료만 한다면 굳이 정형외과에 갈 필요를 못 느꼈을 것이다. 하지만 정형외과 전문의의 진료가 필요한 순간, 큰 문제가 될 수 있다.』

골절환자가 전문의가 없어 치료를 못 받는 현실도 문제지만 지역에 개원한 정형외과 의사가 망하고 나갔다는 것 역시 중요한 문제다. 채산성이 떨어지는 자영업자가 사업을 접고 나가지 못하게 하려면 정부가 지원하는 수밖에 없는데 그 지원 비용과 버스로 1시간거리(아마도 승합차로는 30분거리밖에 안 될) 병원까지의 교통을 제공하는 비용을 나란히 놓고 보면 어느 쪽이 더 경제적인지는 답이 나온다. 어차피 재정을 마련할 능력도 의지도 없는 정부가 그래도 의료 공공성을 강화해야 한다면 의료의 기본이 무엇인지, 돈은 어떻게 써야 할지부터 제대로 성찰해야 할 것이다.

지금까지 우리나라 의료정책은 '싸구려 감성팔이', '우격다짐', '특정 집단 악당 만드는 편 가르기'로 정해지다시피 했다. 기초적인 산수라도 제대로 하는, 현장을 아는 이들에 의한 정책 수립이 절실한 이유다.

공공병원이 산으로 간 까닭

전국의대교수협의회 의료정책토론회
2020년 11월 11일
사회: 주진형(전 열린민주당 최고위원)
패널: 조승연(지방의료원연합회장, 인천의료원장)
김현아(한림대 의대 교수)

의료 자체가 '공공'

사회자: 안녕하십니까. 주진형입니다. 전국의대교수협의회 주최 의료정책토론희의 사회를 맡게 됐습니다. 공공의료에 대한 이야기를 나누어 보려 합니다. 제 왼쪽에 김현아 한림대 의대 교수님 나와 있습니다. 오른쪽에는 조승연 인천광역시의료원장님 나와 계십니다. 원장님, 단도직입적으로 묻죠. 공공의료가 무엇입니까?

조승연: 어려우면서 사실 아무것도 아니거든요. 외국에서는 거의 안 쓰는 말이죠. 의료 자체가 공공적인 성격을 가지고 있기 때문에 공공의료라는 말을 쓸 필요가 없죠. 늘 마시는 공기나 물을 '공공공기', '공공물'이라고 하지 않는 것처럼요. 보

건의료는 국가공동체 유지에 필수적인 국민의 건강을 지키는 것이므로 의료 혜택으로부터 아무도 배제하지 않는 공공재적 성격을 가지고 있죠.

사회자: 전국적으로 운영되는 의료보험제도 자체가 공공의료라고 볼 수도 있겠네요.

조승연: 그래야 하는데 대한민국은 독특하게도 공공성과 반대되는 개념으로 '민간'이라든지 '영리'라든지 '시장주의' 같은 표현을 할 수 있죠. 일제강점기 때 이식된 시스템들이 유지되면서 공공성을 잃어버리고 민간중심의 영리를 추구하는 시장중심 시스템으로 자리잡아 왔어요. 그래서 우리나라에서는 '공공의료' 하면 기존 의료제도의 단점들을 부각시키면서 그것을 해소하는 과정으로 상당히 이데올로기적인 성격을 갖게 됩니다.

公의 반대말은 民이 아니라 私

사회자: 공공의료원은 무엇을 하는 곳입니까?

조승연: 설립 주체의 문제입니다. 법률적으로 정부, 지자체, 비영리단체에서 만들면 '공공보건의료기관'이라고 하고 간략히 '공공병원'이라고 합니다.

사회자: 어떻게 보면 공립병원 같은 거군요.

조승연: 그렇다고 할 수 있습니다. 법적으로 '공공보건의료기관'으로 표현합니다.

사회자: 공공의료 개념이 한국에서 애매모호하게 된 이유가 무엇입니까?

김현아: 공공의료라는 말을 쓰는 국가가 우리밖에 없다고 합니다. 선진국들은 의료는 당연히 공공성이 있어 그런 말 자체를 쓰지 않는데 우리나라는 굉장히 가난한 시절에 전국민 개(皆)보험을 했고 국가가 의료기관을 지원할 돈이 없어 민간한테 맡겼죠. 사실 '공(公)'의 반대말은 '민(民)'이 아니라 '사(私)'죠.

사회자: '민(民)'의 반대는 '관(官)'이고 '공(公)'의 반대는 '사(私)'가 맞죠.

김현아: 민간의료라기보다는 사영화라고 해야 하는데 외국의 영리병원들에서는 상상을 초월하는 일들이 벌어집니다. 우리나라의 사영화 의료기관들이 그렇지는 않습니다. 다양한 정부 규제를 받고 있고 수가도 같습니다. 가난한 환자라도 진료와 치료를 거부하지 못하게 돼 있죠. 대학병원급들은 필수과들을 정해 아무리 돈을 못 벌어도 유지해야 합니다. 사영화 의료기관이라 하더라도 공공의료의 탈을 쓰고 있기는 합니다. 그 규제가 얼마나 잘 작동을 하는지는 별개의 문제고 점점 테크놀로지가 발전하면서 영리를 추구할 방법이 무궁무진하게 생기

고 있죠. 정책입안자들이 테크놀로지 중 무엇을 취하고 무엇을 버려야 할지 판단할 능력이 없습니다. 사영화 의료기관들은 점점 더 영리추구의 길로 갈 위험이 있습니다.

공공병원 비중이 낮은 이유

사회자: 우리나라 의료체제를 보면 굉장히 독특한 구조입니다. 전 국민 개보험으로 멤버십과 가격은 통제하는데 운영은 사영기관한테 맡기고, 그러면서 영리병원은 있을 수 없게 하죠. 그런데 개원의는 사실 영리조직이잖아요. 영리병원을 만들면 안 된다고 돼 있고. 어떻게 같이 모여 굴러갈 수 있는지 설명하기 어려운 구조입니다.

조승연: 건강보험제도가 굉장히 빠른 속도로 전 국민에게 보편적 의료를 제공했지만 민간에서 비급여진료를 통해 영리를 추구하는 것에 대한 제한장치를 거의 만들지 못해 좋은 제도를 도입하면서 장점을 충분히 살리지 못했습니다. 건강보험이라는 훌륭한 제도로 공공적인 틀은 갖추기는 했지만 공공의료기관 자체가 너무 적어 효과를 거두지 못했죠. 5% 남짓밖에 안 돼 정부에서도 공공의료정책을 추진하려 해도 영향력이 없는 거죠. 공공병원을 키우려는 노력을 정부가 하지 않고 민간 영역에 맡겨놓고 사적인 이윤을 추구하는 걸 방치했죠. 그 와

중에도 비급여진료로 돈이 없어 치료를 못 받는 미충족 의료에 대한 해소가 충분히 이루어지지 않는 시장 실패도 컸죠. 지금 의대생들 파업하는 것도 그래서죠. 필수 의료에 의사들이 가지 않으려고 하죠. 명백한 시장 실패입니다. 공공의료기관이 너무 적고 그걸 만들려고 하는 정부의 투자가 해방 이후 거의 없었다는 거죠.

사회자: 한국에서 살기 힘듭니다. 요즘은 카투사에 휴가 신청을 어떻게 하는지까지 모든 국민이 공부했듯이 의료사태나 파업을 겪으면서 많은 사람이 알게 된 놀라운 통계 중 하나가 전체 의료에서 공공병원 비율이 엄청 낮다는 것이죠. 시스템을 그대로 베껴왔다는 원조 일본도 우리 3배는 된다던데요.

조승연: 3배가 넘습니다.

사회자: 우리나라가 사회정책을 하는 기본 틀이 비슷합니다. 몇 년 전 총선 대선 때도 뒤늦게 불거졌지만 사립유치원 비중이 80%이고 공립은 20%밖에 안 되는 것도 같은 이유에서죠. 초등학교는 99% 공립으로 운영하는데 바로 직전인 유치원은 80%를 사립으로 운영하도록 국가가 놔둔 거예요. 마찬가지로 의료도 전 국민이 건강보험으로 들어가라고 해놓고 의사들한테는 건강보험 환자를 안 받겠다고 거절할 권한이나 영리병원을 만들 권한을 막아놨는데 정작 병원은 다 사립이고 공립병원은 없는 이상한 구조죠. 공사의 적정 비율을 어떻게 조절하

느냐 하는 개념이 의료에도 없었던 겁니다.

조승연: 교육·주택·의료문제만 해결되면 복지국가라고 볼 수 있거든요. 세 가지가 다 비중이 선진국의 몇 분의 1밖에 안 되고 임대주택도 마찬가지죠. 복지국가로 가려면 이 세 가지 문제를 극복하는 게 중요한데 보건의료가 그중 가장 떨어지는 분야죠.

전투 중에 지급한 실탄을 세고 있으니…

사회자: 환자 입장에서 공공병원에 가면 뭐가 다른 겁니까? 들어오는 사람이 달라요, 서비스가 달라요, 값이 달라요?

조승연: 부끄러운 얘기인데 지방의료원을 중심으로 한 공공병원들이 운영 행태나 진료 행태를 보면 민간병원과 큰 차이가 없습니다.

사회자: 저도 그런 것 같습니다.

조승연: 가장 큰 문제죠. 심지어 몇 곳 되지도 않는 공공병원도 민간병원과 비슷한 형태로 진료하지 않으면 유지가 불가능한 구조를 정부가 강요하고 있습니다. 코로나환자 보라고 해서 병원을 비워놓으면 매출이 없는데 보상금은 제때 안 주니까 급여를 밀리게 되죠. 전쟁 중에 군인한테 총알 아껴 쓰라 하고 몇 발 쏘았나 카운트해 다음 달에 결제해주면 전쟁을 어떻게

하겠습니까? 공공의료를 바라보는 정부의 기조가 아직도 변하지 않고 있는 거죠. 그런 시각을 정상화하면 공공의료도 정상화될 겁니다. 공공병원이 민간과 다르게 신뢰받는 진료를 평등하게 비용에 구애받지 않고 할 수만 있으면 공공의료가 정상화되는 것입니다.

제주의료원이 한라산 꼭대기로 간 까닭

사회자: 의료계에선 공공병원 비중이 이렇게 적고 운영하는 방식이 이렇게 돼 있는 것에 대한 문제제기는 안 합니까?

김현아: 공공의료라는 시스템은 의과대학 몇 시간 가르쳐서 되는 것이 아니죠. 공공의료가 국가가 개입하는 것이니까 재원도 주어야 하는데 병원이 적자가 나면 국가가 메워주는 시스템이라는 것은 대부분의 우리나라 의사들은 듣도 보도 못한 것이죠.

국가가 공공의료시설을 어떻게 보고 있는지 예를 하나 보여 드릴게요. 원장님 계신 인천의료원이 어디에 있는지 구글어스로 찾아봤는데 공장지대에 있더라고요.

언뜻 봐도 접근성이 안 좋을 거 같죠. 공공의료는 취약계층이 이용하니까 접근성이 좋아야 하는데 말이죠. 주택가에 있다가 공장지대로 옮겨갔는데 원래 있던 곳엔 환경연구원이 있

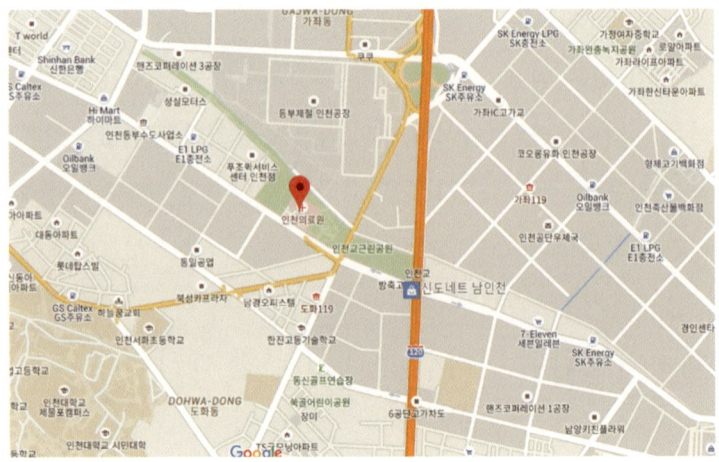

구글어스로 찾아본 인천의료원 위치

네요. 누가 봐도 접근성이 좋아 보이죠. 이게 공공의료기관에 공통적으로 일어나는 현상입니다. 2012년 문을 닫아 파란이 있었던 진주의료원도 원래는 번화가에 있었어요. 번화가에서도 적자가 났는데 어느 날 허허벌판으로 옮겨 적자 폭이 커지다 보니 과감한 정치인이 아예 닫아버렸죠.

가장 황당한 게 제주의료원이에요. 구제주시 중심인 동문시장에 있다가 한라산 꼭대기로 올라갔어요. 공공의료기관이 이렇게 접근성이 낮은 곳으로 왜 옮겨갔을까. 심증은 있지만 물증이 없어 이유는 말을 못하겠는데, 대구적십자병원이 2010년 적자 때문에 문을 닫았거든요. 동시에 '메디시티'라고 대구를 "의료 걱정 없는 최첨단 의료도시로 만들겠다" 했는데 처참하게도 2020년 2월 대구가 코로나사태로 쑥대밭이 됐죠. 그때 대구시민들이 "적십자병원만 있었어도 이러지는 않았을 텐데" 했는데 그때 지자체가 적십자병원 자리를 건설업자한테 팔고 바로 그 2월에 코로나사태가 창궐할 때 거기에 주상복합건물이 들어서고 있었거든요. 정부가 공공의료를 무엇으로 생각하는지 단적으로 보여줍니다.

사회자: 선생님은 공공의료원 경험이 있으신데, 이런 현상이 전국적으로 반복되는 이유가 무엇입니까?

조승연: 공공병원들이 왜 이렇게 적자를 보느냐 하는데, 적자가 문제가 아니라 찾아오는 사람이 별로 없다는 게 문제죠. 지리적 취약성 때문입니다. 인천의료원이 공단 가운데 있는데 대중교통이 별로 없어요. 도심에서 5,000원 내고 택시 타고 와 의료수급자들이니까 진료는 무료로 받고 5,000원 내고 택시 타고 집에 가는 상황이 벌어져요.

과거에는 지방의료원들이 시내에 있을 수밖에 없었던 게 1970년대까지만 해도 지방의료원 수가 민간병원 수와 비슷했습니다. 민간병원이 급속히 늘어나면서 지방의료원은 비율이 떨어지기 시작하는데 거기다 병원이 낡아 증축해야 하는데 문제는 도심은 땅값이 올라 증축하거나 주변 땅을 매입할 수 없었던 거죠. 그러니 땅값 싼 외곽으로 이전하게 됩니다.

2000년대 후반에서부터 신축 이전하는 병원이 많았는데,

그때 충주의료원도 해발 300미터 산꼭대기로 옮겨 버렸습니다. 인천의료원은 1997년 이사 왔는데 당시에는 매립지, 옛날 갯벌에서 거저 주는 부지에 세운 병원이다 보니 사람들이 접근성이 떨어지니까 매출이 줄고 적자가 커져 병원 역할을 못하게 됩니다.

지리적 취약성 문제는 반복될 것 같은 게 지방의료원들은 지방자치단체에 권한이 있어 재정능력이 충분하지가 않고 그러면 사유지를 찾아가야 하는데 비싼 땅은 그걸 활용해서 다른 수익사업을 하고 싶은 게 권한을 가진 사람들의 생각이죠. '공공병원은 돈 버는 데가 아닌데 왜 굳이 그곳에 지어?' 하는 거죠. 최근 국립중앙의료원이 원지동 쪽으로 이사 가려다 무산되기는 했지만요. 그 옆 공병대 부지로 이사 가기로 계획이 됐는데 놀랍게도 "비싼 땅에 왜 병원을 들여와?" 하는 말이 정책당국자 입에서 나왔다고 하더군요. 병원을 수익모델로 보는 거죠.

민간병원에 맡겨놔도 잘 되는데 굳이 공공병원을 왜 짓느냐는 인식이 있죠. 태어나 한 번도 공공병원의 가치를 느껴본 적이 없는 국민이 대부분이기 때문이 '굳이 저 좋은 땅에 공공병원이 왜 들어서? 노숙자들이나 오는 병원인데' 하는 인식이 있죠. 코로나사태로 많이 극복됐다지만 국민들의 인식이 바뀌어야 정책당국자들도 움직이게 될 겁니다.

돈 안 되는 환자는 저기 저 병원으로 가세요

사회자: 민간병원보다 환자가 내는 돈이 적은 것도 아니고 서비스도 같은데 굳이 공공병원을 운영하는 이유는 뭘까요?

조승연: 몇 가지 측면이 있습니다. 첫째, 우리나라에서는 비급여진료 비중이 30%는 넘어야 병원이 운영됩니다. 인천의료원 같은 경우는 비급여 비중이 5%밖에 안 됩니다. 찾아오는 분들이 취약계층이다 보니 비급여진료를 할 수 없기 때문이죠.

사회자: 취약계층은 다른 데 가도 값이 똑같은데 공공의료원에 가는 겁니까?

조승연: 민간병원에 갔을 때 환자가 비급여진료를 안 하겠다고 하면 저기 좋은 병원 있으니까 그쪽으로 가라고 유도하는 거죠. 돈이 안 되니까. 급여환자를, 취약계층을 잔뜩 봐봐야 돈이 되는 비급여를 몇 번 하는 게 훨씬 이익이 남는 거죠. 대학병원도 마찬가지입니다. 요즘은 실손보험이라는 괴물 같은 제도가 생기는 바람에 비급여진료에 더욱 몰리거든요. 비급여진료를 안 하는 사람은 환자로서 대접을 못 받죠. 중병에 걸려 대학병원 문 앞에 쓰러져 있는 환자를 저희 병원으로 끌고 온 경우도 종종 있고요. 정말 취약계층들은 민간병원에서 볼 수가 없는 구조가 됩니다. 돈이 안 되거든요.

우리나라는 의료보험수가가 굉장히 낮아 그것만으로는 병

원을 운영할 수가 없죠. 서울대병원도 마찬가지인데 공공병원들은 그런 분들이 주로 오기 때문에 당연히 수익구조가 떨어지고 그래서 싸다고 생각합니다. 그게 첫 번째 요인이고요, 두 번째로는 '과잉진료'입니다. 감기 걸려서 왔을 때 약을 한 주먹씩 주고 "내일도 와서 주사 맞고 모레도 맞으세요" 하는 나라는 대한민국밖에 없을 겁니다. 횟수를 늘리는 거죠. 척추 명의 이춘성 교수(아산병원)가 책도 내셨죠. 불필요한 척추수술을 개원가에서는 무지막지하게 해대고 있고 행위를 늘리는 과잉진료가 되겠죠. 그런 것들을 통해 이익을 창출하는 구조가 고착화돼 있는데 공공병원에 가면 그런 것들이 현저히 적습니다. 할 수도 없고요. 그런 것에 대한 압박이 거의 없기 때문에 같은 병을 갖고 와도 검사를 하는 거나 수술을 권유하거나 약을 먹으라는 횟수가 민간병원보다 상당히 낮게 되고 그걸 국민들은 진료비가 싸다고 인식하고 계시는 거죠. 보험수가는 똑같지만 그거를 여러 번 오게 하거나 쓸데없는 거를 붙여 수가를 올리는 구조가 공공병원은 훨씬 적죠.

사회자: 현장에 계신 분 말씀이라서 믿을 수밖에 없지만 들으면서 모골이 송연해집니다. 결국 민간병원이 과잉진료나 비급여진료를 맘 놓고 하기 위해 원하지 않는 환자들을 치우는 곳으로 공공의료원이 쓰이고 있었다는 거잖아요.

조승연: 그게 바로 공공의료, 공공병원을 보는 정부와 국

민의 시각이죠.

사회자: 무서운 이야기네요. 대학병원에서도 그렇게 보시나요?

김현아: 과거에 비해 의료보호 환자들 입원이 그리 어렵지는 않아요. 보호 환자들을 대학병원에서 꺼렸던 이유는 비급여 진료를 못해서는 아니고 진료가 끝나면 국가에 비용을 청구해야 하는데 이게 아주 늦게 들어옵니다. 병원 수익구조에도 문제가 생기고 해서 한때는 의료 보호 환자를 입원시키기 어려운 시절이 있었는데 요즘은 국가에서 돈을 제때 준다고는 하더라고요. 저는 대학병원에 있기는 하지만 입원을 많이 안 시켜서 그런지 그 분들이 차별받는다는 느낌은 덜한데요, 그것을 떠나 병원 자료를 하나 보여드릴게요.

호텔인가, 병원인가

김현아: 메디컬드라마를 잘 안 보는 편인데 〈낭만 닥터 김사부〉는 재미있게 봤어요.

젊은 의사가 서울의 큰 병원에 있다가 밉보여 지방 '돌담병원'으로 좌천됐어요. 그런데 이 병원이 상당히 훌륭해요. 못하는 게 없고 굉장히 좋은 의료진들이 있고요. 그런데 그 젊은 의사가 오자마자 "내가 여기 있을 사람이 아니야. 나 이런 거지 같은 병원에는 단 하루도 있기 싫어. 서울로 갈 거야" 하더군요. 지금 우리나라 현실을 보여주는 거예요.

저는 외국에 가면 그 나라를 대표하는 대학병원들을 가보는데 일본 도쿄대병원은 돌담병원보다 조금 크죠.

우리나라로 치면 서울대병원. 도쿄대병원은 국립이고 일본을 대표하는 사립대 병원은 게이오대병원인데 이것도 그렇게 규모가 크지는 않습니다. 유럽으로 가면 더하죠.

스웨덴의 최고 명문 웁살라대, 암스테르담대 병원들이 규모의 경쟁을 하지는 않습니다. 미국 병원은 대체로 크지만 하버드 부속 MGH는 우리나라 병원보다 크지 않습니다.

우리나라는 어떻습니까. 큰 병원들은 바닥에 대리석이 깔려있고 천장에 모빌이 돌아가요. 환자들은 '이런 병원에 있어야 치료를 잘 받는구나' 하고 착시현상이 생기게 되죠.

왼쪽 일본 도쿄대 부속병원,
오른쪽 스웨덴 웁살라대 부속병원

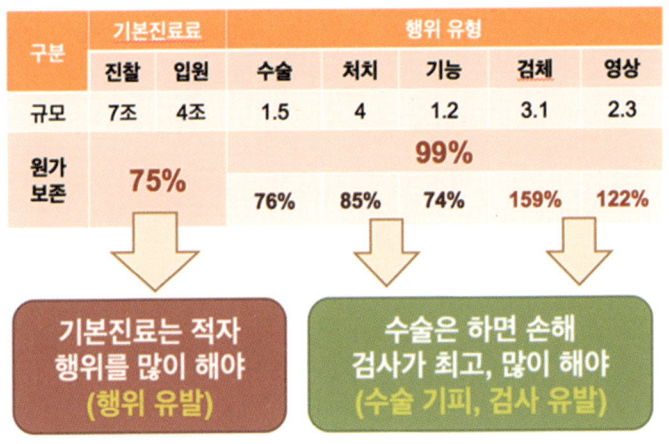

　이 그림은 제가 학회에서 보험정책 일을 2012년 시작하면서 당시 손영래 과장께서 보여줬던 건데 우리나라는 진찰료가 원가 대비 75% 수술도 76% 기본적으로 의사가 하는, 사람이 하는 일은 이렇게 적자고 그 대신에 검체, 영상 검사는 상당히 과보상이다. 이거를 고쳐야 한다. 그 얘기를 2012년에 들었는데 최근까지도 이 그림은 계속 봤거든요. 아무것도 변한 게 없어요.

　우리나라에서는 의료수가를 결정하는 것이 상대가치인데 그 안에 인건비라는 개념이 없어요. 75퍼센트도 아니고요. 진찰료 같은 경우가 대표적으로 의사 몸으로 때우는 일인데 최저임금 대비 진찰료를 살펴보면 OECD 국가들은 최저임금 대비 최소 4배 정도 되거든요. 전문의 아닌 1차 진료도…

우리나라는 1차의료 기관의 재진 진찰료는 시간당 최저 임금하고 큰 차이가 없어요. 이거는 1/3 정도밖에는 보상을 안 해준다는 것이고 이렇다 보니 가뜩이나 병원들은 모두 사영화 구조로 돼 있어 당연히 검체, 영상 검사를 많이 하도록 유도됩니다. 이렇게 되면 시설이 조금 낙후하더라도 훌륭한 의료진이 있는 병원에 환자들이 가지 않습니다.

공공의료원에 있는 의사들이 자질이 떨어진다고 생각하지 않습니다. 의료는 어차피 사람이 하는 일이니까. 그렇지만 시설만 보면 경쟁력이 떨어지게 되고요. 최첨단 기계, 검사가 의료를 돌린다고 착각하게 되고 큰 병원들 가면 "최신 기계 들여놓았다"고 플래카드가 붙잖아요. 환자들은 '이 병원에 있으면 치료를 잘 받는다'는 착시현상이 생기게 돼요.

이것을 바로잡아야 하는데, 10년 가까이 정책 일을 하면서 공무원이 바뀔 때마다 같은 말만 합니다. 아무것도 한 일이 없고 할 의지도 없어요. 기본적으로 사람이 하는 일이라는 개념. 정책입안자들이 의료가 무엇인지 철학을 가지고 생각해야 문제를 해결할 수 있어요. 환자 열심히 보는 공공의료원이 적자가 나는 것은 말이 안 되죠. 인건비 보상 시스템을 개선하는 것이 중요합니다.

공공병원은 왜 적자일까?

사회자: 과잉진료나 비급여진료를 하지 않기 때문에 공공의료원은 적자를 볼 수밖에 없는 구조라는 말씀이시군요. 진찰이나 상담에 대한 보장은 하지 않고 검사 위주로 가다 보니까 결국 공공의료가 적자로 간다는 얘기잖아요. 실제로 어느 정도 적자가 납니까?

조승연: '적자'라고 표현하는 것도 싫어하는데요, 공공보건의료기관을 지어놓고 '경영'하라고 하면 돈을 남기라는 얘기인데, 그럴 거면 민간병원에 맡기지 굳이 공공병원을 왜 운영하는지 모르겠어요. 공공병원은 고유의 가치가 있는데 그것을 부인하는 거죠. 코로나19 때도 손해 본 것에 "손실을 보상해주겠다"고 하던데, 공공병원은 '손실보상'이라는 말을 쓰면 안 되죠. 민간병원이야 당연히 손실보상을 해주지만 공공병원은 원래 그거 하라고 있는 병원이고 병원 비우고 코로나 보라고 해놓고 운영하게 해주면 되는 거죠. 그런데도 '손실보상' 개념으로 접근하거든요.

김현아 교수님께서 말씀하신 게 굉장히 중요합니다. 모든 문제의 근본이자 위기에 도달했다고 하는 이유가 결국은 경상의료비. 국민 총 의료비를 보면, 우리나라는 OECD 평균에 거의 육박했습니다. 지난해 GDP의 8.1%를 돌파했는데 문제는 그

증가 속도가 OECD의 3배나 돼요. 이대로 증가하면 엄청난 일이 벌어지겠죠. 미국 같은 나라는 경상의료비가 11%까지 육박했는데, 개선·개혁작업 중 가장 중요한 게 수가체제입니다.

보건의료비가 올라가는 가장 근본적인 원인은 행위별 수가입니다. 돈이 더 생기니 검사를 하든 수술을 하든 많이 할 수밖에 없죠. 사적영역에서 의료행위를 하면 행위를 늘려야 하기 때문에 결국 미국같이 자본주의적이고 행위에 의존했던 나라도 총액계약제 쪽으로 가려고 이른바 'ACO'(Affordable Care Organization)를 몇 년 동안 비교적 성공적이었다고 합니다.

우리나라도 공공의료를 얘기하지 않을 수가 없는 때가 됐다고 하는 이유는 경제적인 관점에서 더 이상 방치할 수 없고 이걸 막는 방법은 의료 자체를 공공성을 강력히 개입시켜야 과잉진료 부분을 막을 수 있고 행위별 수가를 개혁할 때가 됐다는 거죠. 지금 총액계약제라는 개념으로 가면 검사를 얼마를 하든 수술을 얼마를 하든 별로 중요하지 않거든요. 소신진료를 할 수 있도록 틀을 짜는 게 중요합니다.

의사 수 문제, 전달 체계 문제가 있지만 근본적으로 수가를 건드리지 않으면 답은 없다고 봅니다. 공공병원이 적자를 본다는 이유가 수가가 낮기 때문이라 하면 그건 답이 안 나오는 이야기거든요. 공공의료가 어떻게 수가를 가지고 이익을 보겠어요? 결국은 공공병원부터라도 예산제로 가야한다고 생각을 하고 있습니다.

국립중앙의료원이 그렇게 해보려고 몇 년 전부터 시도했는데 씨알도 안 먹히고 있죠. 정부 당국자가 그런 혁신을 상상조차 못하고 있는 거예요. 과거 공공병원 직원들은 공무원이었습니다. 공사로 바뀌었다가 지금은 정부출자기관으로 바뀌면서 독립법인이 돼버리면서 공공영역에서 점점 사적영역으로 가는 과정에 있는데 신자유주의 개념이잖아요. 모든 걸 시장에 맡겨버리는데 코로나사태가 터닝포인트가 돼야 합니다. 다시 공공영역으로 가려면 예산제를 도입하고 적정 진료를 통해 환자의 건강지표가 올라가는 걸 확인해 민간영역으로 확대하는 보건의료의 대전환이 이뤄져야 합니다.

사회자: 올해 또는 3년 후 인천의료원은 어떤 병원이 되자는 비전 같은 게 있습니까?

조승연: 과거 공공의료라는 것을 취약계층 소위 미충족 분야를 하는 것으로 정의를 했다면 앞으로는 국민의 생명이나 기본적인 삶의 질 보장을 필수 의료로 가겠다. 대상은 당연히 취약계층에서 모든 국민으로 넓어지게 되고. 분야도 역시 마찬가지로 필수 중증 의료, 산모, 장애인과 같은 필수 의료 서비스를 보편적으로 제공하는 기관을 만드는 게 바로 공공의료기관의 할 일이 되는 거겠죠. 그래서 여기에 맞춰 인천의료원을 끌

고 가는 게 중요한 역할이 되게 됩니다. 인천의료원의 비전은 우리가 맡고 있는 권역, 중진료권 대에서 필수 의료 서비스를 제공하는 적정한 규모의 적정한 수준을 갖춘 병원을 만드는 게 비전이라고 볼 수가 있겠죠.

사회자: 그렇게 하려면 기본적으로 총괄하려면 전체 의료 병상이 됐든 병원의 의사든 일정 비중 이상이 돼야 가능한 거 아닌가요?

조승연: 그래서 공공의료 발전 대책 종합 계획에서 그렇게 병원을 키워주겠다는 계획을 발표했습니다.

사회자: 의료서비스에서 공공서비스의 비중을 늘리겠다?

조승연: 과거 공공의료라는 것을 우리나라에서만 쓰는 '공공'이라는 용어를 앞장서서 구현하는 게 바로 공공병원이라면 그 인프라를 크게 늘려 공공의료의 중심기관으로 삼겠다는 것이 계획의 핵심입니다.

사회자: 그게 몇 년짜리 계획입니까?

조승연: 그게 나오지 않아서 문제입니다. 예산도 없고요.

사회자: 언제 만든 계획이에요?

조승연: 재작년입니다.

사회자: 거기에 재정 계획이 없나요?

조승연: 지금 민주당에서도 그렇고

사회자: 그러면 누가 그렇게 만든 건가요?

조승연: 보건복지부에서 했습니다. 그래서 참 답답한 일이 벌어지고 있어요.

사회자: 공공의료를 주제로 이야기하는데 뭔가 알게 되는 것보다 점점 미궁에 빠진 것 같아 난감합니다.

조승연: 2005년 참여정부 때 4조3,000억 원의 계획을 잡아 10년 내 공공의료기관을 30%까지 늘린다는 계획을 야심차게 수립한 적이 있었는데 그때는 재정이 들어갔어요. 물가상승률만 봐도 지금 10조가 넘어갈 것 같은데 문제는 현재 코로나 사태든 뭐든 여러 이유로 진행이 안 되고 있는 것이 답답하죠.

사회자: 제가 이해하기로는 공공병원은 정부가 부지와 건물과 시설을 제공하고 경상비는 매해 버는 돈으로 벌충해 운영하라는 정도, 그게 보통 생각하는 공공병원 개념이었는데…

조승연: 지금까지는 그랬죠. 그렇기 때문에 항상 적자를 보다 보니 운영비를 충당을 못하니까 경영하느라고 전부 민간병원과 비슷한 짓을 하고 있다는 거죠. 그래서 제가 말씀드린 예산제로 바꿔야 한다는 겁니다.

사회자: 이게 지금 말씀을 듣다 보면 제 관심분야이기도 하지만 우리나라의 공공임대주택 이야기랑 굉장히 비슷한 구조가 있어요. 우리나라에는 영구 임대주택이라고 해서 보통 시가의 20퍼센트 정도의 낮은 값으로 극빈층에게 제공하는 공공임대주택이 있습니다. 이 주택의 특징 중 하나가 교통이 굉장

히 불편한 데가 있어요. 공공의료기관과 똑같습니다. 그 다음에는 그 안에서 살아본 사람들 말에 따르면, 아주 묘하게 불편하게 돼 있다고 해요. 말도 안 되는 구조로 돼있고 날림으로 지어놓고요. 그렇지만 정부는, 국토부에서는 국회나 대통령 보고 때 몇 호를 지었다 하지만 내용은 부실하죠. 공공의료병원도 그렇게 되는 게 아닌가 합니다. 뻔히 가기 좋은 데 만든 게 아니라 멀리 가기 힘든 데 만들어놓고 "그런 데도 굳이 올 사람만 와라" 하는 거죠. 좋은데 갖다놓으면 극빈층이 아닌 사람들도 와 주위 병원들이 "손님 빼앗아 가느냐?" 할 수도 있어서 그런 게 아닌가 합니다.

조승연: 맞습니다.

사회자: '빛 좋은 개살구' 같은 느낌이 듭니다. 의사나 간호사나 다른 직원은 어떻게 구하세요?

조승연: 법적으로 공무원도 아니고 민간병원과 같은 자격입니다. 설립만 정부가 했다는 차이점이 있는 거죠. 그래서 사람을 뽑는 것도 똑같은 과정으로 합니다. 구인광고 내서 오시는 분들을 면접해서 뽑죠.

사회자: 그해 경상비를 커버하지 못해 적자가 나면 그것을 지방정부나 중앙정부가 보전해 줍니까?

조승연: 보전을 못해 주니까 대부분의 의료원이 수백억씩 부채를 가지고 있죠.

사회자: 누가 돈을 빌려주었나요?

조승연: 빌려준 게 아니라 퇴직적립금이라든지 외상이 쌓이는 거죠.

사회자: 충당 부채요?

조승연: 네, 그렇지만 급여는 안 줄 수가 없으니 지자체에서 할 수 없이 주기는 주는데 굉장히 눈치를 줍니다.

사회자: 그랬다가 직원이 나가면 퇴직금은 어디에서 나옵니까?

조승연: 부채가 하염없이 쌓입니다. 당장 망하지는 않으니까요.

사회자: 들을수록 신기한 동네네요.

정책입안자에게 의사는 도둑놈 아니면 기생충?

김현아: 우리나라 의료정책은 돈계산도 없이 청사진만 내밀고 있어요. 공공의료원 적자라는 것이 말이 안 되거든요. 지금처럼 하면 당연히 수지를 맞출 수가 없는데 그걸 국감에 가면 단골 레퍼토리로 당을 가리지 않고 모든 의원이 적자 난다고 야단치는데 도대체 의료정책 하시는 분들 머릿속에 의사는 두 타입밖에 없는 것 같아요. 돈 많이 벌고 환자 많이 보고 하는 의사는 과잉진료로 수익을 많이 내는 돈만 아는 나쁜 놈. 그리

고 공장지대에 있어, 환자가 안 와서, 수가구조 문제로, 적자 내는 병원에 있는 의사는 월급만 가져가는 기생충. 아무렴 조 원장님이 태만해서 적자를 내는 것이겠습니까? 정책입안자는 의료가 비즈니스인지 공공재인지 말만 공공재라고 하지 말고 본인들이 철학을 확실하게 세운 다음에 공공의료에 대한 논란을 시작했으면 좋겠습니다.

사회자: 우리나라 의료정책에서 공사의 역할 그 다음에 그것이 자기들이 추구하는 목적이 뭔지 정리가 안 된 채 그때그때 듣기 좋은 말을 갖다 하다 보니. 공립초등학교한테 우리가 적자 났다고 뭐라 하지 않지 않습니까? 공립병원을 만드는 목적을 명확하게 하고 그 목적에 맞춰 경영하는 것인데 목적과 경영하는 방식이 따로 돌아가는 것이 아닌가요?

조승연: 공공의료라는 개념이 없는 나라죠. 초등학교를 보고 수익사업하라고 고아원 보고 수익사업하라고 안하지 않습니까. 병원이야말로 초등학교나 고아원 못지않게 몸 아프고 힘든 사람들이 오는데 그 사람들한테 등쳐서 돈 벌어오라는 얘기랑 뭐가 다르냐는 거죠. 그렇기 때문에 어느 나라를 가든 보건의료는 국가가 책임지고 제공하는 공공영역인데도 우리나라는 이윤 동기나 수익에 맞춰 사적 영역에서의 그런 것들이 중심이 돼 있는 것이 가장 큰 문제고 그걸 해결할 유일하고 가장 빠른 방법은 공공병원을 최대한 확충하는 겁니다. 미국이나 일

본 같이 20~30%만 돼도 그래도 거기에서 공공의료라는 것을 얘기를 꺼내볼 수 있는 인프라가 되는 건데 5% 가지고는 할 수 있는 게 아무것도 없습니다. 그것도 300병상 넘는 병원이 요양병원 빼고 세 군데밖에 안 돼요. 전국 40개 공공병원 중에서도. 종합병원으로 치면 300병상 미만이라는 뜻은 병원 구실을 못한다는 뜻입니다. 민간병원은 가능해요 돈 되는 과목만 하면 되는데 공공병원은 필수 과목을 다 갖고 있어야 하기 때문에 200병상짜리 병원이 전문 과목을 스무 개 갖고 있다는 것은 상상이 안 가잖아요. 말이 안 되는 구조를 갖고 있는 거죠.

사회자: '공공의료' 개념을 명확하게 하고 국가의 재정지원이 전제돼야 한다는 건데 그거 말고 생각할 만한 것은 없을까요?

김현아: 돈 없이 되는 일은 아무것도 없다고 생각해요. 지금 의료재정들을 잘 보면 누수가 되는게 굉장히 많아요. 조금 더 마른 걸레 쥐어짜듯 살림을 잘하려면 할 수 있는 것들이 있는데 국가가 민간의료원들에서 일어나는 낭비행위에 대해서는 전혀 손을 놓고 있는 상태죠.

아쉬운 대로 의료전달체계만이라도 잘 확립해 지역에서 웬만한 건 다 해결하면 좋은데요. 환자들이 가지고 있는 병의 90퍼센트 이상은 의원급에서 해결할 수 있는 것들이거든요. 고혈압, 당뇨를 가지고 빅5를 가고 하는 현실을 개선해 지역 안에서 해결할 수 있게 의료전달체계만이라도 운용하면 공공의료원이 환자가 적다든지 하는 문제로 고민하지는 않을 겁니다. 의료전달체계 문제는 조금 동떨어진 문제이면서도 모든 의료의 문제에 깊숙이 들어와 있는 우리나라 고유의 문제죠.

사회자: 의료가 완전히 민영화 돼 있다는 미국도 노인층과 저소득층에 대해서는 보조금을 지급하는 제도가 돌아갑니다. 노인층은 '메디케어'라고 부르고 저소득층에 대해서는 '메디케이드'라는 제도가 돌아가거든요.

제가 한국에 왔을 때 이상하게 생각했던 것이 뭐냐면 모든 국민을 건강보험으로 커버하는 게 능사가 아니라 미국의 개념상 '메디케이드'에 해당되는 저소득층을 위한 따로 별도의 보조금 체제를 주어도 그 사람들한테 어떻게 의료 서비스를 전달할 거라는 설계까지 하지 않으면 의미가 없죠. 그것이 없이 한국은 지금까지 계속 가는 것 같아요. 정부가 코로나가 한창 떴다가 가라앉아서 조금 쉰다 싶을 때 그때 덜컥 갑자기 공공의료를 말하면서 얘기하고 나오니까. '우리나라는 저소득층을 위한 의료서비스 보장이 안 되는 나라인데 갑자기 무슨 소리를 하는 거지?' 하는 생각이 들었거든요.

조승연: 우리나라 의사들이 미국식 교육을 많이 받기 때문에 미국이 좋은 나라라고 생각하는 경향이 있는 것 같은데 보건의료를 연구하는 사람들 입장에서 볼 때는 이탈리아나 대만

같은 나라와 비교분석 해야지 미국은 사실…

사회자: 그렇게 나쁘다는 미국도 저소득층에 대해서는 별도 프로그램을 운영하는데 한국은 그것도 안하는 게 문제 아닌가요?

조승연: 국민개보험이 되고 의료급여제도가 있기 때문에 저소득층에 대한 보호는 돼 있어요. 문제는 기본적인 의료구조가 민간시장에 맡겨있는 영리적 구조다 보니 그 사람들한테도 뭔가를 뜯어내려는 구조가 작동하고 있고 그게 안 되는 사람들은 치료를 못 받는 기형적인 행태가 나타나고 있는 게 문제였지만 미국은 나름대로 복지제도로 사실은 '메디케어'와 '메디케이드'가 혼용되고 10~15%만 보험이 없는 사각지대에 있고 그들을 위한 재정도 어마어마하게 투입되는 걸로 알고 있습니다.

미국 공공병원을 가봤는데 규모가 어마어마해요. 클리브랜드 클리닉과 거의 비슷할 정도의 큰 병원을 가지고 있고 이민자들이나 소수민족들로 보험 없는 사람들을 거의 무료로 치료해준다고 하더라고요. 그걸 보면서 제가 생각했던 미국이 돈 없는 사람은 병원도 못 가는 곳이 아니라는 걸 느끼고 왔던 게 우리나라는 그런 측면에서 보면 오히려 미국보다 취약한 부분도 많다는 거죠.

사회자: 공공의료는 우리나라에만 있는 개념이라 하더라

도 그것이 잘 되기 위해서는 무엇을 어떻게 해야 한다고 생각하십니까?

조승연: 이 정부 들어와 '문재인케어'라는 말이 생기지 않았습니까. 좋은 내용이 다 들어가 있어요. 대표적으로 비급여를 없애겠다는 것인데, 결국 보험재정으로 모든 걸 컨트롤하겠다는 뜻이잖아요. 보험을 할 수 있는 것이 단순해지는 게 되겠죠. 어쨌든 적자 보는 수가를 정상화시키면서 나머지 비급여로 굳이 할 필요 없게 만들어주겠다 해서 보험체제 내에서는 안정적인 구조를 가져가고요. 이와 함께 의료전달체계 같은 것들만 제대로 되면 보건의료 자체가 상당히 정의롭게 진행될 수 있는 틀이 만들어지거든요.

그런 정책을 집행할 수 있는 가장 강력한 틀인 공공병원을 확충하고, 공공보건의료종합대책에서 70군데의 책임의료기관과 전국 10군데 이상의 권역책임의료기관을 만들겠다는 계획이 나와 있어요. 현 정부가 출범했을 때 나왔던 장밋빛 계획만 차근차근 이행하면 좋은 나라가 될 수 있을 것 같아요. 이미 답은 나와 있다고 봅니다.

결국 문제는 정치

사회자: 선생님 말씀에 동의하기 어려운 게 혹시 저러다

가 산 위에 올라가 있는 병원만 70개 더 만드는 게 아닌가. 사람들이 안 오는 곳에 옮겨놓고 "나는 일했다" 하는 구조를 바꾸지 않는 한 그냥 숫자 늘리기는 문제가 있는 거 아닌가요?

조승연: 공공병원을 접근하기 좋은 자리에 제대로 짓고 충분한 인력을 충원해야 하죠.

사회자: 그렇게 안 하는 근본적인 원인을 고칠 생각을 해야 하는 것 아닌가요? 그 얘기를 안 하시면 그냥 좋은 얘기 하는 게 아닌가 하는 느낌이 들 것 같아서요.

조승연: 현재 인천의료원도 제2의료원, 제3의료원 얘기가 나오는 이유가 지금 위치에서는 도저히 불가능하니까 되도록 좋은 위치에다가 500병상짜리 병원을 3개쯤 더 지으라는 뜻이거든요. 정부가 그걸 받아들여주면 성공할 것이고, 아니면 지금 같은 지리멸렬한 꼴이 수십 년 또 가겠죠. 그게 답답한 노릇입니다.

사회자: 국민들이 이런 공공의료원 비중을 높여야 한다고 정치인들에게 압력을 행사하지 않는 한 의미가 없다고 보는 대표적인 케이스가 유치원이잖아요. 정말 답답했던 것이 우리나라 정치권이 얼마나 국민생활에 관심이 없느냐 하는 대표적인 예라고 보거든요. 저렇게 사립유치원 위주로 창궐하도록 아무 것도 하는 일이 없다가 대선 때 20%를 40%로 올린다 했는데 지금 그렇게 되는지 잘 모르겠지만요. 기본적인 서비스를 국민

한테 어떻게 전달할지 모르는 분야 중 하나가 의료 아닌가 합니다.

김현아: 외국에는 의료같이 복잡한 문제들은 의회에 전문의원들이 있더라고요. 정치와 전혀 상관없이 굉장히 긴 호흡으로 정책을 만들어야 하거든요. 우리나라가 2000년 의약분업파업 후 장기 계획을 세우자고 법을 만들었어요. 그런데 20년 동안, 경제개발 5개년 계획처럼 5년 단위 예산과 실행계획을 만들자고 했는데 20년 동안 한 번도 제대로 되지 않았습니다. 그래서 일어난 게 올해의 이 불행한 사태들, 아무런 장기적 비전이 없이, 합의 없이 새로운 정책을 '갑툭튀' 하는 거죠. 앞으로는 있는 법이라도 잘 지켜 전문가들이 모여 5년 단위로 계획해야죠. 일본은 5년 단계로 하고 계획안이 나오면 반드시 돈은 어디서 끌어올 것인지 따라 나와요.

사회자: 공공의료의 실상 뒤 메커니즘을 이렇게 놔둬도 국민들이 참는 것 보면 '대단한 국민이구나' 생각이 듭니다. 일본의 공공의료 비중이 우리의 세 배가 될 수 있었던 정치적 과정은 무엇이었는지도 배울 필요가 있다는 생각이 듭니다. 오늘 정책 토론 마치겠습니다. 감사합니다.

제주에서 날아온 편지

오랜만에 계획됐던 심장수술이 오늘 취소됐습니다. 인공심폐기에 문제가 생겨 부득이 연기할 수밖에 없었는데요. 연초에 인공심폐기하고 같이 심장수술에 필수적인 열교환기가 문제가 생겨 한동안 수술을 할 수 없는 상황이 벌어졌었습니다. 다행히 당시 병원장님께서 빠른 결단을 내려주셔서 열교환기가 교체는 됐으나 이번에는 심폐기가 말썽이네요. 10년 넘게 사용한 장비들이니 고장 나는 게 이상한 일이 아닙니다. 장비를 교체해야 한다거나 예비 장비를 구해 놓아야 한다는 말은 하고 있었지만 아시다시피 저희 같은 작은 지방병원에서 이런 고가의 장비를 병원 수익에 도움도 되지 않는 흉부외과에 쉽게 사주기는 어려운 일이죠. 충분히 이해합니다. 수술 중에 고장이 나서 큰 일이 벌어지지 않는 것만으로도 감사할 뿐입니다.

2009년 제가 제주로 내려올 때 저희 병원은 '권역 심혈관센터'로 지정돼 시설과 장비들을 상당히 지원받은 것으로 알고 있습니다. 하지만 그 이후에 유지와 관리에 필요한 재원은 오롯이 병원의 몫이 됐죠. 결국 시작은 공공의료였으나 그 이후의 문제는 민간이 떠맡게 된 것인데요. 저희 같은 규모의 병원에서 흉부외과는 정말 유지하기 어려운 상황입니다. 빠른 결단을 내려주신 병원장님께 감사한 마음보다 오히려 미안한 마음이 크니 답답한 일이죠.

 제가 알고 있는 공공의료는 민간 차원에서 시행하기에는 어려운, 경제성 면에서는 유지하기가 어려운 의료입니다. 그중에서도 국민의 생명과 건강을 위해 필수적인 부분에 공적자원을 투입해 유지하는 것으로 알고 있습니다. 하지만 현재 공공의료는 어떤가요. 시작은 공공의료로 시작하지만 그 이후에는 민간에서 그 유지를 전담해야 하는 반쪽짜리 공공의료가 아닌가 합니다. 이런 자원투입의 불합리성은 도외시되고 인원만 늘리면 된다는 논리라면 의사가 많으면 인공심폐기 없이도 심장수술이 가능하다는 생각과 같습니다. 공공의대를 설립할 자원이면 저희 인공심폐기 몇 대 사주실 수 있지 않을까요.

　지방에서 이런 공공의료를 유지하는 데 걸림돌이 되는 건 공적자원 불합리성만은 아닙니다. 제가 10여 년 전 이곳에 와 심장수술을 시작하고 그래도 수술 숫자가 점차 늘어나고 있는 추세였습니다. 드디어 제주도민들이 심장질환 때문에 위험하고 불편하게 육지까지 가는 일이 없게 하고 싶다는 제 바람이 이루어지는 것처럼 보였습니다. 하지만 2~3년 전부터 수술환자들이 급격히 줄어드는 것이 느껴지는데요. 제주도에 심장병이 줄어들었나요? 그건 절대 아니고요. 제주도민은 62만 명 가까이 됩니다. 수술은 육지 병원에 가서 하시고 실밥도 제대로 제거되지 못한 상태로 상처치료를 받기 원하시거나 투약을 위해 여기 저희 외래로 오시는 분들이 많이 늘었습니다.

　이런 의료전달체계의 왜곡이 자원투자의 불합리와 만나면 도대체 어떤 일이 벌어지는지 저는 지금 뼈아프게 느끼고 있습니다. 숲은 보지 못하고 죽은 나무만 잘라내고 비어있는 데에 조금 더 심는다고 해결될 문제가 아니죠. 고름으로 가득 찬 상처를 거즈로 덮어놓기만 하고 항생제를 사용하거나 고름을 짜내지 않는 그런 꼴이 돼버린 겁니다. 이런 상황이라면 공공자원이 투입돼도 효율적 사용은 불가능할 거고 국민의 생명과 건강이라는 가장 중요한 목적 달성도 완료되지 못할 겁니다.

이미 지방 곳곳에 공공의료를 담당하려고 마음을 굳게 먹고 진료에 임하고 계시는 많은 분들이 계십니다. 이들의 노력을 제대로 평가하고 지원하는 것이 공공의료를 살리는 첫걸음이 될 것입니다.

이석재(제주대병원 흉부외과 교수)

검은 계산…
의료가 정치를 만났을 때

김현아 (한림대 의대 교수)

뇌관

2020년 의사파업은 의협이 이른바 '의료4대악 철폐'를 주장하며 시작됐다. 그러나 파업이 시작된 가장 큰 이유는 정부의 의과대학 정원 확충을 통한 의사 수 증원에 대한 전공의들의 반발이었다. 7월 22일 더불어민주당은 2022학년도부터 2031학년도까지 전국 의대 정원을 3,058명에서 3,458명으로 늘리고 이를 통해 10년간 의료인력 4,000명을 더 선발하겠다고 공포했다. 2032년부터는 선발 정원을 현재 수준인 3,058명으로 줄이는데, 의대 정원 확대에 대한 의료계 반발과 저출산으로 인구가 점차 줄어드는 추세를 감안한 것이었다.

당시 교육부 보도자료를 보자.

〈의과대학 정원 확대 추진 방안〉
제10차 사회관계장관회의에서 논의 예정

지역별 의료 격차 해소, 특수·기피 전문분야 및 의과학자 양성을 위한 의대 정원 확대 추진: 2022년부터 400명 확대해 10년간 4,000명 양성.

교육부(부총리 겸 교육부장관 유은혜)는 7월 23일 정부세종청사에서 제10차 사회관계장관회의 겸 제4차 사람투자인재양성협의회를 개최하고, 〈의과대학 정원 확대 추진 방안〉을 논의할 예정이다.

이번 방안은 2006년 이래 동결돼 온 의과대학 정원을 확대·조정해 지역 간 의사인력의 불균형을 해소하고, 감염병 대응 및 바이오헬스 분야 등의 발전을 위해 특수 전문분야 및 의과학자 인력을 양성하는 것을 목적으로 한다. 이를 위해 정부는 2022학년도부터 의과대학 정원을 현 3,058명에서 한시적으로 400명 증가시켜, 10년간 4,000명을 추가로 양성할 계획이다. ※ 의대 정원: 2021년 3,058명 → 2022~2031년 3,458명 → 2032년 3,058명

증원 세부 분야는 ①지역 내 중증·필수 의료분야에 종사할 지역의사(300명), ②역학조사관, 중증 외상 등 특수 전문분야(50명) 및 ③바이오메디컬 분야 견인을 위한 의과학 분야(50명)이다. ※ 2022년

특수 전문분야는 전문가 의견 수렴 등을 통해 보건복지부 장관이 지정, 향후 수급 상황 등을 고려해 조정

특히, 지역 내 의사 인력 부족 및 불균형 해소를 위해 '지역의사제'를 추진한다. 새로운 의과대학 입학전형인 '지역의사 선발전형'을 도입해, 입학한 학생은 장학금을 지급받고, 면허 취득 후 대학 소재 지역(시도)내 중증·필수 의료기능을 수행하는 의료기관 등에서 10년간 의무복무*한다. *의무복무 10년(군복무 제외, 전공의 수련 포함), 의무복무 미이행시에는 장학금 환수 및 의사면허 취소

특수 전문분야, 의과학자 분야는 새로운 선발전형을 도입하는 것이 아니라, 의대 재학생 중 해당 분야 인력 양성을 조건으로 대학에 정원을 배정한다. 특수 전문분야는 민간에서 충족되지 못하고 있는 분야의 인력을 정책적으로 양성하며, 2022학년도 특수 전문분야는 역학조사관, 중증 외과 등을 우선 시작하고, 향후 수급 상황 등을 고려해 조정한다.

※ 정원을 배정받은 대학은 기존 재학생을 대상으로 특성화된 교육과정, 진로유인책, 유관기관 연계교육·취업 지원 등을 통해 해당 분야 인력을 양성

아울러, 정원 배정 3년 후부터 계획 이행의 적정성, 대학 양성 실적을 평가하고, 실적이 미흡한 경우 정원을 회수함으로써 대학의 책임성을 강화할 예정이다.

한편, 지역에 필요한 의사 인력 확대와 더불어 의사들이 지역 내

에서 정착해 의료활동을 계속해 수행하도록 지역가산 수가 도입, 지역 우수병원 육성 등 건강보험 및 공공의료정책도 강화해 병행해 나갈 계획이다.

정부의 의사 정원 증원의 가장 큰 명분은 지역별 의료 격차 해소와 특수 기피 전문 분야 의료 인력 확충에 있었다. 우리나라에서 정부가 의료정책을 추진할 때 가장 큰 책임을 져야 하는 것이 의료공공성, 이른바 공공의료의 기반 확충임에도 이 내용은 보도 자료의 맨 마지막 추신처럼 "공공의료정책도 강화해 병행해 나갈 계획이다"라는 애매한 문구로 끼워 넣었을 뿐이었다. 그것에 수반되는 재정에 대해서는 아무런 언급도 없었다. 의과대학 정원 확대 추진 정책과 함께 제안된 공공의대 정책을 살펴보자. 의사 증원 정책은 기존 의과대학의 정원 확대와 공공의대 신설의 두 정책이 합쳐진 것이고 많은 사람들이 두 정책을 혼동하는데 엄연히 별개의 정책이다. 주로 농촌 지역을 포함하는 의료 취약 지역에서의 의료 인력 부족 문제를 해결할 필요성에 따라 논의된 정책인 점은 같으나 공공의대 정책은 국가가 의과대학을 새로 설립하겠다는 것으로 국립대학법인의 형태로 의학전문대학원, 보건대학원을 설치하며 10년의 의무 복무를 강제한다. 특히 부실 교육의 상징으로 2017년 12월 13일 교육부가 대학 폐교 및 법인 폐쇄 명령을 내린 서남 의대를 대체할 의대 신설이 우선 순위였고 많은 정치인들에게 초미의 관심사였다. 코로나19 사태로 드러난 공공의료의 부족을 이용하겠다는 정치인들의 의도에 대한 노골적인 정황 증거는 여러 곳에서 찾아볼 수 있다.

정치인들의 꽃놀이판

2020년 4월 코로나19가 맹위를 떨치는 가운데 민주당의 압승으로 마무리된 총선 후 당·청은 의대 정원 확대 논의를 시작했다. 의대 정원 확대는 기존 의과대학의 정원을 늘려 지역의사를 확보하겠다는 '지역의사제'와 새로운 국가관리 의과대학을 만들어 의사를 확보하겠다는 '공공의대' 정책의 완전히 다른 두 가지 내용이 섞여 있었다.

정치인들의 주된 관심이 자신들의 표밭에 세워질 공공의대 설립이었음은 말할 필요도 없는데 부실 의대의 대명사인 서남의대가 폐교한 후 남원 경제가 어려워졌다는 말이 나올 만큼 의과대학은 아무리 부실해도 일단 설립되면 지역경제를 향상시킬 수 있는 요인이 된다.

대부분이 서울 출신 학생들로 채워지는 지방 의과대학이 있는 도시에 가 보면 택시기사들이 "○○의대생들이 여기 사람들 먹여 살려요"라고 하는 것을 심심찮게 듣는다. 호남 정치인들에게 서남의대가 나간 자리를 다시 채울 경제적 활력소를 만드는 일은 정치 생명이 달린 일일 수밖에 없었다. 의료는 뒷전이고 어디까지나 지역 경제 활성화에 의한 표 다지기가 중요할 뿐이기 때문이다.

2020년 5월 4일, 제371회 전라북도의회에서 고창군 제1선거구 도의원 성경찬(더불어민주당)과 행정부지사 최용범의 회의록을 보자.

성경찬: 공공의대법이 이번에도 상임위 문턱을 통과하지 못했는데 의사 출신인 두 미래통합당 의원이 강력하게 반대하고 있단 말이에요. 여권에서도 굉장한 노력은 하고, 우리 집행부도 많은 노력이 있어요. 마지막 15일 전에 일련의 민선 국회에서 어떻게든 통과시킬 수 있도록 하려면 더 강한 안이 있어야 할 것 같은데 어떻게 생각하십니까?

최용범: 저희도 위원님이 말씀하신 대로 그 동안 주관부처인 복지부하고 협의하면서 반대하는 일부 의원을 지속적으로 만나 설득하면서 설립 타당성을 계속 이야기를 해왔고 그 동안 시도지사협의회 공동건의안에 반영을 하는 노력을 해왔습니다. 그런데 아직도 상임위 문턱에 걸려있는데요, 저희가 마지막까지 최선의 노력은 다하겠지만 20대국회에서 시기적으로 상당히 어려운 부분은 있는 것 같습니다. 그래서 코로나 이후에 공공의료체계 구축에 대한 국민들의 공

감대를 바탕으로 21대국회가 되면 최대한 신속하게 법률안이 제정되고 또 국가 예산에 반영될 수 있도록 적극 노력하겠습니다.

성경찬: 21대국회를 바라보시는 겁니까?

최용범: 마지막 국회까지 최선을 다해 보고요.

성경찬: 지금 코로나 위기가 공공의대법을 통과시킬 절호의 기회거든요. 그 위치가 경상도·전라도·충청도를 아우르는 중심에 있어요. 그래서 이런 코로나 위기에도 공공의대법을 통과시키지 않는다는 지탄을 미통당이 받도록 우리 집행부에서 마지막 노력을 끝까지 기울여 주시기 바랍니다.

최용범: 20대국회 안에 최선의 노력을 다하고 안 되면 21대국회에 가장 빠른 시일 내 법안이 제정될 수 있도록 노력하겠습니다.

10년 후에나 인력이 배출되는 공공의대 의사는 현재 진행형인 코로나19와는 상관이 없다. 이런 기회주의적인 발언은 7월 15일 전라남도의회에서 더불어민주당 민병대 도의원이 이어 나갔다. 그는 "현재 전남지역의 의료가 매우 취약하다. 동부권이든 서부권이든 의대를 줘야 한다"면서 "공식적으로 확인된 바는 없어도 보건복지부든 교육부든 전남이 위치를 선정하면 의대를 주겠다는 입장인 만큼 전남도가 명확하게 결정, (정부에) 통보해야 한다"고 말했다. 강영구 전남도청 보건복지국장은 "전남권의 의대 필요성은 이미 정부에 수차례 전달했고 내

부적으로도 공감대가 형성된 사안이지만, 아직까지 결정된 바는 없다"면서 "복지부는 이에 대한 여론 수렴과정이 필요하며 전문가집단의 여러 의견도 있다고 한 만큼 우리(전남도)가 먼저 나가 방향을 선정하는 것은 맞지 않다"고 답했다. 이에 민 의원은 "확실한 답을 가져와야 한다"며 "의대 설립은 쉽지 않은 문제인데, 코로나 때문에 굉장히 호기다. 그 호기를 놓치지 않기를 바란다"고 거듭 의대 설립 필요성을 강조했고 강 보건복지국장은 "그렇게 하겠다. 감사하다"고 했다.

당선의 조건, 지역의대 신설

지역의대 신설을 표를 얻는 도구로 사용하려는 전략은 국회의원들에게는 매우 중요한 사안이었고, 그 역사는 뿌리가 깊을 뿐 아니라 당파를 떠난 공통 현상이었다. 2015년 이정현 당시 새누리당 의원은 〈국립보건의료대학 및 국립보건의료대학병원의 설치·운영에 관한 법률안〉을 대표발의 하고 자신의 지역구인 순천에 유치하겠다고 밀어붙였으나 새정치연합(민주당 전신)의 반대에 부딪혀 이 계획은 성사되지 못했다. 이 법안이 19대 국회에서 통과됐더라면 이 의원의 순천시 재선 가능성이 더욱 높아졌을 것이다. 전북의 성경찬 의원의 공공의대 설립을 미래통합당(국민의힘) 의원들이 반대를 한 이유도 이것이 전북에서 통과되는 경우 성경찬 의원의 힘이 커지기 때문이다. 정치인들이 공공의대 건립을 밀어붙이거나 반대하는 이유는 자신들의 당리당략에 적합한 지에 대한 계산에서이지 의료문제 해결을 위한 진정성은 전무하다 해도 과언이 아니다. 행여나 코로나19의 '호기'를 놓칠세라 야당 국회의원들도 공공의대 설립 법안을 발의하는데 이때 주장한 지역은 물론 영남이었다.

국회 보건복지위 소속 미래통합당 간사인 강기윤(창원 성산) 의원은 2020년 8월 3일 〈국립창원대 의과대학 설치에 관한 특별법안〉을 대표발의하면서 "코로나사태 등을 계기로 의과대학 정원 확대가 추진되는 가운데 서울 등 수도권을 제외한 인구 100만 명 이상 도시 중 창원만 유일하게 의과대학이 없어 보건의료체계가 상대적으로 열악한 실정이다. 또 경남의 경우 전국 16개 시·도 중 인구 대비 의과대학 정원이 14위일 정도로 의료인 양성 인프라가 취약하다. 역대 정부와 국회는 균형발전을 국가적 과제로 추진했는데, 수도권과 비수도권 간 균형발전은 의료분야에서도 반드시 필요하다"고 주장했다. 지역 의료를 진작하기 위해 비슷한 제도를 운용했던 일본과 대만에서 실제로 배출된 졸업생들 대다수가 지역에 남지 않았다는 사실은 정치인들에게는 안중에도 없는 일이었다.

이처럼 지역의대, 특히, 공공의대 설립안은 철저한 예산과 재정계획 없이 정치적인 논리, 특히, 지역구 의원들의 지역 기반 강화를 위한 아젠다로 진행돼 온 역사가 있다.

그러나 이후 의사단체·전공의들의 극렬한 저항과 파업이 이어지면서 이 정책은 공공의료를 지켜내기 위한 보도로 둔갑하기 시작했다. 우리나라의 공공의료의 문제가 의사 부족에 기인한 것이라는 논리는 오래 전부터 주장돼 왔다. 2018년 국립목포대 의과대학 설립 타당성 용역조사 연구 계획을 조달청에 제출한 보건복지위원회 윤소하 의원은 "의사와 간호사를 비롯한 의료인의 수도권 쏠림은 환자들의 수도권 원정 진료를 부추기고, 수도권을 제외한 지방은 의료인력 부족 등의 문제로 의료취약지역이 확대되고 있다"고 말했다. 그는 '서남대 폐교나 복지부가 추진하겠다는 공공의대 설립과 목포대 의대 설립 요구는 엄연히 다른 것'이라며 '목포대 의대 설립 주장의 전제는 전체 의료인력 증원이다. 전남 내 의료취약지에서 공공의료를 담당할 의료 인력을 육성·배출하자는 것이 20년간 주장해 온 것'이라고 밝혔다.

2020년 6월 17일 21대 국회 개원 후 처음 열린 보건복지위원회 전체회의에서 정부의 국정과제인 의료공공성 강화에 대한 위원들의 질의에 박능후 장관은 "코로나19사태를 통해 민간병원이 많이 있어도 긴급한 시기에 제약이 있었으며 공공의료의 중요성을 절실하게 알게 됐다. 상급 종합병원의 협조가 늦은 반면, 공공병원이 적극적으로 감염병 환자를 받았다"고

목포·순천 의대 설립을 두고 민주당 김원이 후보와 각축했던
정의당 윤소하 전 의원이 후원자들에게 보낸 문자메시지

답변해 코로나19 대응에서 공공병원의 역할이 컸음을 인정했다. 며칠 뒤 개최된 '코로나19 확산 대비 공공의료체계 강화 방안 국회 토론회'에서도 정부·국회·학계 및 공공의료기관 모두가 이구동성으로 공공병원과 공공의료의 중요성을 다시 한 번 강조하며 공공의료를 정책의 중심에 두는 정책적 전환 필요성이 대두됐다. 지역거점 공공병원과 국립대병원의 협력체계, 신

축 이전과 기능 특성화 전략, 필수의료인력 확보, 인력 지원 의무화, 지역의사·간호사 양성 등의 방안이 제시됐다.

이후 공공의대법은 공공의료 강화를 위한 필수적인 방안으로, 공공의료와 거의 같은 개념으로 유포되기 시작했다. 이런 공공의대법에 다양한 이유로 문제를 제기하는 사람들은 자기 밥그릇을 위해 공공선에 반대하는 부도덕한 집단이라는 프레임을 자연스럽게 뒤집어쓰게 됐다.

먹튀 정치인과 의료 흑역사

이국종 교수로 상징되는 권역 외상센터는 사고 등으로 크게 다친 환자들이 병원 도착 즉시 응급수술을 받고 최적의 치료를 할 수 있는 시설이다. 그러나 외상 센터 시스템이 구축될 때 현실에 기반을 둔 충분한 검토와 논의가 아닌 정치적인 논리 등이 개입되면서 근거가 없이 17개의 외상 센터가 지역별로 적절하지 못한 규모와 위치에 설치됨에 따라 제대로 운영되지 못하면서 많은 문제를 낳고 있다. 정치인들은 혈세를 들여 운영해야 하는 국민의 생명을 다루는 필수 의료시설에 대해서도 정략에 의한 지역 이권을 우선시하면서 자기 몫을 챙기는 것에 관심이 있어 왔다.

공공 의대 역시 마찬가지다. 공공 의대가 설립돼 의사가 배출되는 것은 10여 년 뒤이지만 코로나 사태를 이용하겠다는 말을 공석 상에서 쉽게 내뱉는 정치인들의 모습을 보면 지역의료 개선을 위한다는 공공 의대법과 지역의사제는 정치적 표 얻기 행위라고 판단할 수밖에 없다.

부실 의대의 대명사인 서남의대 설립 과정을 복기해보자. 서남의대 스캔들에서 빠질 수 없는 핵심인물 이홍하 이사장은 교사이면서 목욕탕을 운영하는 경제적으로 윤택한 사람이었고 역시 교사였던 부인과 함께 1977년 학교법인 홍복학원 설립을 시작으로 옥천여상, 광남고, 대광여고, 서남대, 광양보건대, 한려대, 광주예술대 등 수많은 학교를 설립했다. 펀드 사기의 대명사 버니 매도프의 사학비리 버전이라고도 할 수 있는 등록금 빼돌리기 수법으로 학교를 세우고 그 등록금을 다른 학교를 만드는 자금으로 사용하는 방식이었다. 서남대는 노태우 대통령 재임 시기에 전라북도 도민들을 달래기 위해서 남원시 일대에 대학교를 설립해준다고 한 것에 뿌리가 닿아 있는데 이홍하는 그 수혜자다. 김영삼 대통령 재임 기간인 1993년부터 1998년까지 5년간 9개의 의대가 생겼는데 서남대는 그 기회도 놓치지 않았고 1995년에 의대를 설립한다. 의대가 이처럼 짧은 시기에 늘어나면서 빚어진 문제는 '부실 의대' 논란으로 정부는 1998년 제주대 의대를 끝으로 더이상 의대 설립 및 의대 정원 증가를 허가하지 않았다. 서남대는 신설 직후부터 부실 교육

논란의 중심에 있었다. 이홍하 휘하의 타 대학들은 더 말할 것 없었고 참다 못한 교직원들과 학생들이 1997년 이홍하 이사장 퇴진 운동을 벌였으나 교육부는 감사 결과 "설립자가 학생 등록금을 유용한 사실을 발견할 수 없었고, 오히려 법인 전입금 대폭 지원, 적극적인 시설 투자 등으로 학교 발전에 강한 의지를 나타내고 있다"는 답을 보냈다. 교육부는 오히려 "조사에 따른 행정력을 소모시킨 일 등은 심히 유감스러운 일…. 그 내용이 상이한 경우 (민원 제기) 당사자도 관계 법령에 따라 처리됨을 인식하여야 할 것"이라며 조사를 요청한 교수협의회를 위협했다. 그러나 교육부가 '학교 발전에 강한 의지를 나타낸다'고 평가한 이씨는 불과 한 달 뒤 426억 원의 등록금과 국고보조금 횡령 혐의로 검찰에 긴급 체포된다. 이후 2017년 학교 폐쇄까지 무려 20여 년에 걸친 서남의대 논란은 매스컴에 익히 잘 알려져 있다. 서남 의대는 학생들을 가르칠 교수, 학생 실습을 할 병원조차 변변히 없는 의과대학이었으나 교육부 평가를 몇 년 간 거부하면서 버텨왔다. 서남 의대의 인가에서 폐쇄까지 연루됐을 수많은 정치인 들이 누구인지는 알려져 있지 않다.

새로 건립될 공공 의대는 다를까? 순천향대 박윤형 예방의학과 교수는 공공의대가 국립대학이 아닌 법인으로 설립하도록 돼 있고 재정지원이 임의조항으로 돼있는 현행 공공의대법을 지적하고 있다. 재정적 문제에는 국가가 관여하지 않겠다는 스탠스이다. 공공의대의 실습병원에 대한 사항을 다른 병원으로 넘기고 자체 대학병원을 건립할 계획이 없는 듯 보이는 점도 '서남 의대'의 데자뷔다. 박 교수는 공공의료에 종사할 인력을 양성하는 공공 의대는 국립대학이면서 사관학교나 경찰대학의 모형으로 설립 운영하고 졸업 후 의사면허를 취득하면 국가공무원법에 의한 의무사무관으로 임명하는 방안을 제시한다. 표만 챙기고 먹튀 할 생각을 하는 것이 아니라면 이 정책을 추진하는 정치인들이 유념해야 할 사안이다.

브라질에서 온 편지

전공의 파업과 의대생들의 국시 거부가 한창일 때 브라질로부터 편지 한 통이 날아왔다. 브라질 의대생 협의회에서 온 것이었다. 2013~2014년 〈Mais Medico(더 많은 의사)〉 프로그램이 시행되면서 브라질 의과대학 수는 빠르게 증가했지만 공공의료와 그 교육을 위한 투자는 같은 규모로 이루어지지 않았다. 이는 정치인들이 재원 투입에 관심이 없어 배정된 정부 예산이 부족했기 때문이다. 정책이 시행되면서 의과대학은 8년 만에 거의 두 배가 됐지만 교육에 대한 투자가 없어 늘어난 학생을 수련시킬 병원도 없었고 여러 문제만 낳았다. 지역사회 인프라 부족으로 이렇게 늘어난 의사들이 이미 포화상태인 대도시로 유입됐고 지역의료도 개선되지 않았다.

　오랜 군부독재를 종식하고 정권을 잡은 노동계급 출신 룰라 대통령과 그의 뒤를 이은 지우마 호세프 대통령이 열악한 브라질의 의료시스템에 눈을 돌린 것은 당연한 일이었다. 헌법에 국민의 건강권을 명시한 국가임에도 브라질의 건강불평등은 심각했고 2000년대에도 지역에 따라 영아사망률은 5배 이상, 기대수명은 5년 이상 차이가 났다. 광대한 영토를 가진 나라에서 오랜 시간 폭압적이고 비민주적인 정치체계와 이에 따른 부와 자원의 심각한 불평등이 낳은 결과였다.

　사웅파울로 같은 대도시와 의료 취약 지역의 의사 수는 5배 이상 차이가 났다.(2020년 파업 당시 제기됐던 "의사가 부족해서 지방에 의사가 없다"는 주장에 대해 우리나라의 실제 데이터를 살펴보면 지방 대비 대도시의 의사 수 차이는 1.2배다.) 브라질 정부는 이 문제를 해결하기 위해 처음에는 1차의료의사 우대 정책을 펼쳤고 의사 부족 지역으로 가는 의과대학 졸업생들에게 금전적 보상을 해주었다. 그러나 필요한 의사의 1/3도 충원을 못하게 되자 정부는 근본적인 장기 대책을 마련하는 동안 단기 대책으로 취약지역에 해외 의사를 유입하는 정책을 만들었다.

　이 정책은 룰라 정부 이전에도 가동했었는데 1998 ~ 2003년 의료 취약지역인 토칸틴 주에 쿠바 의사들을 파견했었다. 2013년 지우마 대통령은 의료불평등을 개선하기 위해 본격적으로 〈Mais Medico〉를 가동했는데 프로그램의 골자는 의료 취약 지역에 근무할 브라질 및 외국 의사를 확보하는 것이었다. 이 프로그램에 지원하는 의사는 주 40시간 근무 조건과 정액 월급, 주거·생활에 필요한 지원을 받게 돼 있었다.

    브라질 정부와 쿠바 정부 간 계약에 의해 쿠바 의사들이 이 프로그램에 지원했는데 지우마 대통령의 지지율에도 긍정적으로 영향을 미친 정책으로 대중들은 이 정책에 호응했지만 브라질 의사들은 대대적으로 반대했다. 브라질 의사협회 대표는 파견 나온 쿠바 의사들이 브라질에서 진료를 하기 위해 필요한 수련 프로그램을 운영하는 데 협조하지 않겠다고 선언했다. 브라질의 적법한 절차와 면허 제도를 통과하지 않은 의사들에 의해 수행되는 의료에 책임질 수 없다는 이유에서였다. 의사들의 대규모 파업이 뒤를 이었는데 시위 현장에는 호세프 대통령의 관까지 등장했다.

    일부 지역에서는 외국인 의사들에 대한 언어폭력과 감금 사태까지 일어났다. 브라질 의사들은 이기적인 엘리트주의자들에 인종차별주의자로 비난을 받았고 이들의 행동은 7년 뒤 한국의 파업사태 때 "의사들의 집단이기주의의 재현"으로 우리나라 언론들에서 재언급됐다.

    한국과 달리 브라질은 대규모 파업에도 불구하고 의과대학 증설이 이루어졌다. 2016년 지우마 대통령은 뇌물 혐의로 탄핵됐고 〈Mais medico〉도 뒤이어 집권한 극우파 보우소나우로 대통령에 의해 중단되고 쿠바 의사들은 본국으로 돌려보내졌다. 그러나 프로그램 중단 직전 브라질의 1차의료의 분포 불균형은 10% 정도 호전된 것으로 나타났다. 오지에 파견된 6,000여 명의 쿠바 의사들의 활약 덕분이었다. 쿠바 의사들을 돌려보낸 보우소나우로 대통령은 코로나 사태가 악화된 2020년 다시 쿠바로부터 의사들을 불러들여야 했다.

브라질 의사들이 가장 반대했던 것은 오지에 근무할 쿠바 의사들을 부르는 것보다 자국의 의과대학을 우후죽순으로 늘리는 것이었다. 실제로 정부의 교육투자가 충분하지 않았을 뿐 아니라 지역의료에 대한 기반투자도 이뤄지지 않고 있어 늘어난 의사들이 고스란히 대도시로 모여들어 지금도 의사들이 포화 상태인 대도시에서 의사들끼리 경쟁할 것이라는 이유에서였다. 정확히 우리나라 현 상황과 일치한다.

브라질의 〈Mais Medico〉 중 의과대학 증설 프로그램이 성공할 지는 아직 알 수 없는 노릇이지만 대부분의 브라질 의사들은 부정적으로 본다. 체제가 다른 공산주의 국가의 의사들을 브라질 의사들보다 현저히 낮은 급여로도 국가 대 국가 계약으로 오지 근무를 유도했던 의사 수입 프로그램과 달리 자국 의사들이 취약 지역에서 근무하는 것은 전반적인 사회불평등이 완화되고 취약 지역 인프라가 개선되지 않으면 실현 가능성이 없기 때문이다.

    브라질은 대도시 안에서도 지역 간 불평등이 극심해 빈민 지역에서는 대도시라도 의사가 부족하다. 이런 상황에서 급격히 늘어난 의과대학 졸업생들이 소기의 목표처럼 지역으로 분산이 될지는 매우 의심스러우며 앞으로 지켜볼 사안이다. 한국이나 브라질이나 정부가 의사를 늘린다고 하면서 거기에 걸맞은 공적 제반 시설을 갖출 의지가 있는지 의심받는다면 의사들은 이런 식으로 반발하게 된다.

정치인은 말하지 않는 대한민국 의료

김장한(울산대 의대 교수)

OECD 국가간 의사 수 비교, 그 무의미함

2020년 의료파업의 도화선이 된 담론은 우리나라의 의사 수가 선진국 대비 부족하다는 것이었다. 보건복지부는 2018년 기준으로 국내의 임상의사 수가 인구 1,000명 당 2.4명으로 OECD 평균인 3.5명에 크게 못 미친다는 내용을 발표했다. 인구 1,000명 당 의사가 가장 많은 국가는 오스트리아(5.4명)와 노르웨이(4.8명)이며, 우리나라는 콜롬비아(2.2명)·폴란드(2.4명)·멕시코(2.4명)·일본(2.5명)과 함께 평균 이하로 분류됐다. 이에 김진현 서울대 간호대 교수(경실련 보건의료위원장)는 이용자 협의체의 요구안을 대표발제 하면서 "의대 입학정원을

6,000명 수준까지 확대해야 한다"고 주장했다.

그러나 이런 식으로 숫자를 맹목적으로 나열하기 전에 꼼꼼히 살펴볼 내용이 많다. 우리나라 공공보건의료 비율은 OECD 회원국 중 최하위다. 민간도 기능을 수행하고 있지만, 필수의료의 원활한 공급에는 한계를 보인다. 공공보건의료기관(국립대병원, 중앙·지방의료원, 보건(지)소 등)에 종사하는 의사의 비율은 2017년 기준으로 전체 의사 수의 11% 수준에 불과하다. 의사 부족에 앞서 절대적으로 이들이 근무할 시설이 부족한 것이다.

또한 전국 220개 공공의료기관(국립대병원, 지역거점공공병원, 공립요양병원 등 총 221개소 중 국립법무병원 제외)에 종사하는 의사 현황을 보면 경기·충남·경북의 경우 평균에 미치지 못하는 것으로 나타난다. 65세 이상 인구 대비 공공병원의 의사 인력 현황을 보면 경기·전남·전북·충남·경북 등이 평균에 미치지 못한다.

지역거점 공공병원과 보건의료원에 부족한 의사의 수를 분석한 자료에 따르면, 공중보건의사를 제외할 경우 전국적으로 286명의 의사가 더 필요하고, 공중보건의사를 포함할 경우 428명의 의사가 더 필요한 것으로 조사됐다.(공공의료인력 양성을 위한 기반 구축 방안, 서울대, 2015)

특히 지방소재 의료원의 경우 수도권지역 의료원에 비해

2배 수준의 연봉을 보장하고 있는데도 특정 진료과목에서는 의사를 구하지 못해 진료를 하지 못하는 경우가 있으며, 환자 급감과 인건비 부담으로 인해 분만실이 있는데도 분만하지 않는 등 필수 의료서비스 제공 수준도 낮다. 그러나 이들 병원에 의료 인력을 유지할 만한 숫자의 환자가 오고 있는지는 제대로 논의된 적이 없다. 의료전달체계가 무너져서 이미 지방의 경증 질환환자들도 KTX를 타고 서울의 대형병원으로 몰려오는 현실에 대해서 정책 입안자들은 제대로 된 대책을 세운 적이 없다. 그리고 지역공공의료원은 만성적인 적자에 시달리는 까닭에 병원장들이 국정 감사에서 정기적으로 모욕을 당하고 있다.

의과대학이나 의학전문대학원의 정원을 보면 대도시 지역이 월등히 많다고 보기 어렵다. 그러나 의과대학을 졸업하고 의사가 된 이후, 의사들의 지역별 분포를 보면 대도시 집중 현상이 큰 것으로 나타난다. 단순히 국립의대를 포함한 기존 의대의 인력 양성으로는 지역별 격차를 해소하기 어렵다는 이야기이다.

의사의 숫자만 비교할 것이 아니라 의사가 부족해 어떠한 문제가 발생했는지를 구체적으로 제시해야 한다는 의견도 대두된다. OECD 국가 중에서 우리나라는 1,000명 당 의사 수가 많지 않은 것으로 나오는데 그렇다면 우리나라의 의료 접근성은 OECD 국가 중에서 몇 위나 될까? 정확한 통계는 없지만, 의료계에서는 흔히들 1위라고 한다. '외래진료 횟수(의료기관 방문 횟수)'와 전문의를 만나기 위해 대기하는 시간을 비교하면 그렇다는 것이다. 인구 1,000명 당 의사 수가 2.4명으로 '의사 수 평균 이하'로 분류된 멕시코의 경우, 국민 1인당 외래진료 횟수가 2.8회로 OECD 평균 6.8회에 크게 못 미쳤다. 2018년 기준 우리나라 국민 1인 당 외래 진료 횟수는 연간 16.9회로 OECD 국가 중 가장 많았다. 이는 OECD 회원국 평균(6.8회)의 거의 2.5배에 달한다. 여기에 대해서는 다양한 해석이 나올 수 있다. 의사들에 대해 적대적인 입장을 취하는 사람들은 우리나라 의사들이 "과잉진료"를 일삼기 때문이라고 비난을 하지만 OECD 국가들의 최저임금 대비 진찰료와 우리나라의 진찰료 수준이 세 배 이상 난다는 것을 감안하면 숫자는 거짓말을 하지 않는 다는 것을 알 수 있다. 이렇게 단순하게 일방적으로 매도할 사안은 아니다.

　　의료 질과 국민건강 수준을 보여주는 '기대수명', '주요 질환별 사망률', '영아사망률' 또한 한국은 최 상위권에 속한다. 2018년 우리나라 기대수명은 82.7년으로 OECD 평균보다 2년이 길었고, 암 사망률과 순환기계 사망률·호흡기계 사망률 또한 OECD 평균과 비교해 최대 절반까지 낮았다. 영아사망률도 출생아 1,000명당 2.8명으로 OECD 평균을 훨씬 밑돌았다. 이에 대해서도 입장에 따라 다른 해석이 나오는데, 의사들을 비난하는 사람들은 '의사들이 잘해서가 아니고 우리나라 사람들이 건강식을 하기 때문'이라고 폄하한다. 그런데 그런 주장을 펴는 사람들이 이번 파업 시에는 의사가 부족하기 때문에 의료에 큰 문제가 있다'는 주장을 가장 열렬히 펴는 모순을 보였다.

박정훈 의료정책연구소 연구원은 2021년 2월 열린 '의사인력 증원 과연 필요한가'라는 주제로 열린 토론회에서 "공급 요소 측면에서는 정부 정책에 대한 변수, 고용현황의 고려가 부족하고, 수요 측면에서는 사회경제적 특성·인구집단의 건강상태·역학에 대한 고려가 부족하다"며 "근무 일수와 생산성을 고려하지만, 근무형태를 고려하지 않고 있어 개인의 노동생산성 모델에 반영되지 못한다"고 지적했다. 박 연구원은 의사인력 수급 추계 연구 결과를 소개하며 "우리나라는 2029년 인구의 자연감소가 시작되지만 의사인력은 2038~2039년 급격히 증가한다"며 "변수에 따라 다르지만 최대치를 반영하면 2035년에는 1만 5,866명의 의사 과잉이 추계된다"고 밝혔다.

의료계는 적정 의사 수를 산정하기 위해서는 '국가별 인구구조·국민건강 수준·의료제도·인프라·접근성·재정 등 다양한 요소를 고려해야 한다'며 'OECD 평균지표만으로 의사 증원을 추진하는 것은 무리'라는 입장이다. 정부가 지방의료기관의 간호인력 구인난 해소를 위해 2008년부터 수도권 밖 지역 간호대학 정원을 증원했지만 증원된 간호사들이 열악한 근무 환경을 버티지 못하고 임상 현장에 남지 않아 여전히 지역불균형 문제를 해소하지 못하고 있다는 점이 이를 반증한다.

이번에도 정부는 OECD 대비 부족한 의사 수를 언급하며 지역의대 정원을 늘려 지역과 의료인력이 모자라는 전문 분야에 의사를 공급하겠다고 했다. 그런데 지역병원에 지역전형 선발 의사들이 근무하기로 했는데 환자가 생각만큼 오지 않으면 어떻게 될까? 인원을 배정받은 병원이 폐업하면 또 어떻게 할 것인가? 인건비는 누가 부담할 것인가? 그들은 10년을 지역에 근무하지 않으면 의사면허가 취소되는데, 지방병원에서 값싼 노동력으로 혹사시키면 그들의 권리는 무시될 수밖에 없는 것이 아닌가? 지방 거주민들은 반드시 지역병원을 가야 하는 것으로 의료전달체계를 강화하는 것은 어떨까? 그동안 산적해 온 모든 문제에 대한 고려는 어디에도 찾아볼 수 없었다. 미래를 책임지는 젊은 의사들은 바로 이런 암울한 현실, 즉 제대로 된 지방균형발전계획이나 정부가 책임지는 의료 시스템의 부재를 체감하고 자영업 시장에서 자신의 경쟁자가 될 것이 뻔한 추가 의사 증원을 극렬하게 반대한 것이다.

OECD 국가들의 1차의료 평균 진찰 시간은 15분인데 우리나라에서 이런 식으로 진찰을 하면 병원 문을 닫아야 한다는 건 너무도 잘 알려져 있다. 의사를 많이 만든다는 정책은 이런 현실에서 의사들에게는 일방적으로 수입이 깎이는 일일 뿐 아니라 지금도 치열한 경쟁을 더 치열하게 해야 한다는 것을 의미한다. 진찰료를 정상화하고, 가벼운 병들은 1차의료기관에서 치료하고 관리해야 한다는 당연한 원칙조차 해결을 못한 채 우리나라 의료정책입안자들은 긴 시간을 허비했고 앞으로도 허송세월할 것이 확실해 보인다.

기피과의 문제, 기승전 '수가'?

우리나라는 의료접근성이 좋고, 의료 수준에서 가성비가 탁월하다. 코로나사태에 잘 대처해 찬사도 받았다. 그런데 갑자기 의대생 동맹휴학, 졸업생 국시 거부, 전공의·전임의 파업과 일괄 사표라는 사태가 발생했다. 코로나 2차 유행이라는 국가위기 상황에서 어쩌다 이런 일이 벌어졌나?

다름 아니라 건강보험제도와 관련된 고질병이 다시 도진 것일 뿐이다. 국내 의료기관은 건강보험이 정해준 수가를 치료비로 받아야 한다. 제한된 의료 재정으로 수가가 낮게 책정되다 보니 의원들은 비급여항목이 많은 성형·비만·피부미용에 집중하고 병원은 고가 검사를 선호하며 대도시에 몰렸다. 정부가 내놓은 '지역의사제'란 국가장학금으로 의사를 양성한 뒤 10년 동안 시골에서 의무 복무 하도록 함으로써 이런 문제를 해결하겠다는 주장이었다. 그리고 의료계가 반대하자 의사들이 집단이기주의에 빠져 '밥그릇싸움'을 한다고 매도했다. 틀린 건 아니지만 정답도 아니다.

단순하게 생각하면 의료소외지역과 전공의들이 특정 전문과를 기피하는 현상을 해소하려면 정부가 공공의료에 투자하고, 기피과의 수가를 올려주면 된다. 하지만 2013년 진주의료원 폐원 사태에서 보았듯 적자 보전을 위해 지속해서 재정을 투입하는 것은 정부가 감당할 수 있는 일이 아니다. 당장 코로나사태에 협조한 지방의료원들이 적자로 급여를 체불하고 있는 것만 보아도 알 수 있다. 한편, 이국종 아주대 교수가 응급의료센터에서 근무하면서 병원 측과 갈등을 빚은 이유도 수술할수록 손해를 보는 낮은 수가가 근본 원인이었다.

2018년 우리나라 경상의료비는 144.4조 원으로 GDP의 8.1%(신규 기준 GDP 적용 시 7.6%)다. 이중 '개인 의료비'는 134.2조 원으로 경상의료비의 대부분(93.0%)을 차지한다. 경상의료비 규모(GDP 대비 경상의료비)는 1970년 0.1조 원 (2.6%)에서 1980년 1.4조 원(3.5%), 1990년 7.3조 원(3.7%), 2000년 25.4조 원(4.0%), 2010년 78.7조 원(6.2%), 2018년 144.4조 원 (8.1%)으로 급속히 증가해 왔다.

경제협력개발기구(OECD) 36개국의 GDP 대비 경상의료비 비율은 8.8%였다. 미국은 16.9%로 부동의 선두를 유지하고 있다. GDP 대비 경상의료비 비율이 10% 이상인 국가는 미국 외에도 스위스(12.2%)·프랑스(11.2%)·독일(11.2%)·스웨덴(11.0%)·일본(10.9%)·캐나다(10.7%)·덴마크(10.5%)·벨기에(10.4%)·오스트리아(10.3%)·노르웨이(10.2%) 등 11개 국가다.

그런데 이처럼 의사 수는 부족하고 진료량은 세계 최고 수준인데 경상의료비 GDP 대비 OECD 평균(8.8%)보다 낮은 7.6%인 이유는 무엇인가? 의료계는 이 문제의 원인은 기본적으로 의료수가가 낮기 때문이라고 판단한다. OECD 대비 진료량은 2.5배인데, 의료비지출이 평균보다 적다는 것은 의료수가가 OECD 평균의 반이 안 된다는 것을 보여주는 지표다.

한편, 우리나라 전체 건강보험 진료비에서 차지하는 보험 약값 비중은 OECD 평균보다 훨씬 높다. 우리나라 건강보험 총 진료비 중 약제비 비중은 2014년 26.5%에서 2015년 26.2%, 2016년 25.7%, 2017년 25.1%, 2018년 24.6%이다. 2017년을 기준으로 경상 의료비 대비 약제비(의약품 및 기타 의료소모품 지출 비용) 비중을 OECD 주요국과 견줘보면, 우리나라는 20.9%로 OECD 평균(16.7%)은 물론 A7국가(미국·프랑스·이탈리아·독일·일본·영국·스위스) 평균(13.7%)보다 높다. 2018년 기준 건강보험 총 진료비 72조6,000억 원에서 17조9,000억 원을 약제비로 사용했다.

이에 대해 또 악의를 가진 사람들은 우리나라 의사들의 약제 사용 남용의 근거라 주장한다. 하지만 이런 데이터는 의료비 전체에서 의료 인력의 인건비를 철저하게 후려쳐서 인건비 비율이 낮고 상대적으로 약제비 비중이 높아져 나온 결과일 가능성이 훨씬 높다. 검사비도 마찬가지다. 2000년 이후 20년간 진찰료가 30% 상승할 때 200% 이상의 수가가 상승한 검사 항목은 많이 있다. 병원에 가도 의사들이 검사만 들여다본다는 현실은 정확히 여기에서 기인한다.

병원은 이윤이 남는 검사들을 많이 하도록 의사들을 종용하고, 충분한 시간을 들여 하는 돈이 안 되는 진료는 백안시한다. 의사들은 검사로 수입을 올리라는 여러 가지 사인을 접하고는 자포자기하는 심정이 된다. 환자들은 불필요한 검사가 너무 많다고 화를 내게 되는데 이 모든 불만은 의사들을 향한다. 이런 부조리에 저항하는 의사들에게는 어김없이 불이익이 가해지는데 정부는 이런 의사들의 전문성과 양심을 보호하기 위해 아무런 일도 한 적이 없다.

흉부외과의사가 전국적으로 모자란다는데, 왜 흉부외과 전문의를 위한 취직자리는 적을까? 전국 병원에서 기피과의 전공의가 모자란다고 한다. 저수가로 인해 수술을 많이 할 형편이 아니기 때문에 싼 인력인 전공의는 필요하지만, 비싼 인력인 전문의는 대형병원 몇 군데만 빼고는 취직자리가 부족하다. 그래서 흉부외과 전문의는 개원해 미용을 위한 하지정맥류 수술을 하게 된다고 주장한다. 병원협회 입장에서는 지역의사들을 저렴하게 고용해 경영에 도움을 받을 수 있어서 의사 증원 정책에 찬성했다.

현실은 환자를 많이 살릴수록 병원의 적자는 늘어나고, 병원은 정부에서 지원을 받아야 한다. 수가를 올리지 않고 필수의료에 보조금을 지급하는 것은 어떤가? 아주대의료원의 예를 들어보자. 정부지원금은 일정 금액이 정해져 있으니까 아주대병원 경영진은 환자를 보는 시늉만 하고 환자를 적게 보는 것이 이익이다. 그래서 환자를 열심히 보면 병원장이 화를 낸다. 이익이 최대화되는 적당한 숫자가 있는 것이다.

기피과에 대한 문제는 결국 장기적인 인력 수급 문제다. 지역의사가 기피과를 전공하게 한다하더라도 장기적으로 수가가 정상화되지 않은 상황이라면 의료취약지역에서 개업해 해당 과목을 계속 진료할 수 없다. 저수가로는 인력 부족으로 직무 부담이 과중해 생활이 불가능해진다. 일반 의대 졸업생은 기피과에 더욱 지원하지 않을 것이다. 결국 지역의료와 기피과는 모두 황폐화하고 말 것이다.

법을 위반하고 만든 법

2020년 파업에서 의대생·전공의들은 의료정책 수립 과정에서 의료계 의견을 수렴하지 않았다고 문제를 제기했다. 한

편, 정부는 이익단체 의견을 정책에 반영하는 정도는 한계가 있고 반드시 그 의견에 따라야 하는 것도 아니기 때문에 이번 정책을 철회하거나 원점에서 재검토해 달라는 요구를 수용할 수 없다고 한다.

하지만 정책 수립 절차에 법 위반이 있다면 어떨까? 2000년 의약분업정책으로 시작된 의사파업이 종료된 뒤 그해 7월 보건의료기본법이 제정됐다. 이 법에 따르면 보건복지부 장관은 관계 중앙행정기관의 장과 협의하고, 의료계와 의료 수요자 등이 참여하는 보건의료정책심의위 심의를 거쳐 5년마다 보건의료발전계획을 수립해 국무회의 심의 후 확정하도록 했다. 보건의료 자원·제공·이용 체계 같은 주요 항목은 보건의료발전계획에 포함돼야 한다. 하지만 법 제정 이후 20년 동안 보건복지부는 보건의료발전계획을 한 번도 수립하지 않았다. 과거 정부도 이 법을 지키지 않았다. 의료계 파업이 일어날 정도라면 정책을 수립할 때 법률이 요구하는 폭넓은 의견 수렴을 거쳤어야 했다.

의대생과 전공의는 합의문에 '철회' 또는 '원점 재논의'라는 문구만 들어가면 단체행동을 풀고, 재논의 결과 기존 정책이 최선이라는 결과가 나오면 받아들이겠다고 했다. 현 정권 초기 숙의 민주주의를 도입해 신고리원전 재개와 탈원전 권고를 도출했다. 촛불혁명으로 탄생한 정부가 이전 권위주의 정부와 차별화하려면 이제라도 법적 절차를 지켜야 한다. 그렇게 되면 이번 사태가 전화위복의 기회가 될 수 있다.

자본, 의료를 만나다

김현아(한림대 의대 교수)

2020년 여름 젊은 의사들은 엄중한 코로나 시국에도 파업을 감행했고 많은 비난을 받았다. 이들이 왜 이렇게밖에 행동할 수 없었는지를 고민하는 것이 정책입안자가 가장 먼저 할 일이었지만 그들은 그렇게 하지 않았고 그럴 능력도 없었다.

2020년 여름의 대규모 의사파업 사태는 사회에 많은 파장과 상처를 남기고 끝났다. 이른바 '공공의료'라는 대의명분을 내세워 의사를 증원하겠다고 선언한 정치인들에 대해 의사들, 특히, 젊은 의사들은 상상을 초월하는 수준의 반대 행동을 벌였고 이들의 강경함은 기성 의사들의 상상을 뛰어넘는 것이었다.

의사들은 '의료공영성'을 반대하는 사회적으로 지탄받아 마땅한 집단이기주의의 표상으로 자리매김했고 가뜩이나 불신이 팽배한 의료 현실은 더 어려워졌다. 그러나 의사들의 행동 양식이 바람직하지 못한 것이었다 해서 정부의 잘못이 가려지는 것은 아니다. 거꾸로 이 사태는 의료라는 중요한 영역을 얄팍한 표심과 연계해 무능한 정책입안자들의 설탕발림으로 땜질하고 함부로 다루어 온 정부의 깊고 깊은 원죄에 기인한다.

만일 우리나라 공공의료기관이 지금의 10% 아래가 아닌 30% 정도 되고 민간의료기관과 차별성 있는 의료를 제공할 상황이었다면 이런 일은 일어나지 않았을 것이다. 한마디로 우리나라 의사들은 공공의료가 무엇인지 들은 적도 본 적도 없이 무한경쟁에 내몰리며 왜곡된 수가체계에서 양심적인 진료를 하면 오히려 도태되는 환경밖에 경험해 본 적이 없다.

의사들 때문에 공공의료가 안 되는 것이 아니라 정부가 의료공영성을 내팽겨쳐 왔기 때문에 이런 식으로 행동하는 의사들이 만들어져 온 것이다. 그럼에도 불구하고 정치인들에게는 성찰의 모습은 없고 보복의 의지만 보인다.

2021년 들어서도 더불어민주당은 다양한 보복성 입법을 발의해 '뒤끝'이 작렬했는데 아마도 그 끝판왕은 대선 경선 후보 박용진 의원일 것 같다. 박 의원은 2021년 8월 〈경향신문〉과의 인터뷰에서 "진보진영이 벗어나지 못한 금기를 깨고 울타리를 넘어설 것"이라며 "'유능한 진보'의 모습으로 국민들에게 다시 신뢰를 얻겠다"고 밝혔다. "기득권을 타파하는 대통령이 되겠다"고 말한 그의 대통령 공약에는 3대 기득권의 특혜를 축소한다며 공무원 연금개혁, 정규직, 의사의 특혜 혁파를 제안했다. 의사들을 혁파 대상으로 넣은 이유가 공공의료를 방해했기 때문이라며 공공의료정책의 부재의 책임을 의사들에게 돌리고 있다. 우선, 이재용 사면에 서명한 잉크가 마르지도 않은 상황에서 "특혜"를 언급할 자격이 없는 당의 대선주자가 할 말은 아닌 것 같다. 개별론으로 들어간다면 박용진 본인은 삼성이 가장 혜택을 보는 대기업 법인세 감세를 제안한 장본인이기도 하다. 그러면서 이재용 개인에 대한 사면을 비판하는 쉽고 간편한 정의를 구사하기도 했다. 박 의원은 의사들의 전문성을 특혜라고 곡해하면서 그나마 남아 있던 알량한 의사들의 자율성까지도 격파하고 싶었나 보다. 그 결과가 재벌병원의 사익을 채워주는 하수인으로서의 의사일 터이니 박 의원, 아니 민주당의 재벌 앞의 한없이 작아지는 모습과는 매우 잘 어울린다. 박 의원을 포함한 민주당은 그나마 이 땅에서 아직 자존심은 지키고 살 수 있는 직종들, 의사, 정규직 들을 모두 깨부수고 싶은 것 같다. 그렇게 전문성이고 뭐고 없이 자본의 종업원 노릇을 하는 것으로 이 나라의 미래를 구상하고 있는 것일까?

2020년 사망한 이건희 회장의 유족들은 12조 원 이상의 상속세를 납부하면서 감염병·소아암·희귀질환 극복에 1조 원을 기부하기로 했다. 이 가운데 5,000억 원은 한국 최초의 감염병 전문병원인 '중앙감염병 전문병원' 건립에 사용될 예정이라 밝혔다. 삼성이 대형병원 시장에 진출한 이후 일어난 많은 일 가운데 가장 두드러진 것이 의료의 자본 복속임을 기억한다면 의료에 대한 국가의 의무 방기, 그리고 코로나19 환자를 치료할 국가 운영 시설의 부재와 겹쳐지면서 씁쓸한 생각만 든다. 삼성·현대 두 재벌기업이 대형병원 사업에 뛰어들면서 우리나라 의료는 천재지변 같은 변화를 겪었다. 사람들은 이들 병원이 내세우는 의료서비스정신과 화려한 병원 외관, 첨단 의료기자재들에 감탄하면서 KTX를 타고 서울로 서울로 향했다.

제주도 환자들까지 비행기를 타고 서울로 오면서 제주도 병원들은 수술할 환자가 씨가 마르는 일이 생겼다. 사람이 직접 하는 일에 대한 보상은 형편없고 검사를 해 수입을 보전해야 하는 우리나라 의료수가체계에서 이런 현상은 의사들의 자율성보다 자본의 절대 우위를 우선하게 만들었고 의사들은 자신의 이름이 아닌 병원의 이름을 내세워야 '명의' 대접을 받았다. 이런 자본 우위 정신은 재벌병원뿐 아니라 전국의 모든 대학병원에 급속히 자리 잡게 됐다. 중병이 있어 대형병원을 찾게 되면 같은 몸에서 찾아진 여러 경증 질환들까지 덩달아 대형병원의 전문의들에게 배당된다. 대형병원 최고의 전문가는 가장 짧은 시간에 환자들의 문제를 해결(주로 약처방)해 주고 환자는 대형병원의 여러 과를 전전하면서 한 보따리의 약을 받아

간다. 누구도 한 환자를 온전한 하나의 인간으로 바라보지 않고, 죽기 전까지 처방받은 약의 개수는 늘어만 간다. 그러는 가운데 개원의들까지도 응당 자신들이 보아야 할 환자들이 대형병원으로 빨려 들어가는 바람에 경영을 걱정해야 한다. 대형병원들은 새로 배출되는 의사들의 '진공청소기' 같다. 다들 학교 때는 수재고 영재였던 사람들이기 때문에 한 끗이라도 나은 명함을 가지고 싶어 하는 의사들 앞에 화려한 대형병원들은 최고의 직장으로 자리매김한다. 건강보험심사평가원은 '병원평가'를 통해 전국적인 의료 질 향상을 돕기보다는 대책 없는 '줄 세우기'로 대형병원에 날개를 달아준다.

이런 현실에서 공공의료는 이미 물 건너간 일인지 모른다. 이미 모든 국민의 뇌리에 최첨단 기계가 있는 시설 좋은 병원에서 치료를 받아야 한다는 것이 각인돼 있는 상황에서, 심지어는 죽기 전에 대형 병원 중환자실을 거쳐야 제대로 한 것이라는 통념이 굳어지는 상황에서, 이런 재벌병원들과 경쟁해서 그나마 적자라도 면하는 수준의 공공병원이 유지되려면 얼마나 많은 비용이 들어야 할지 상상하기 어렵다. 그리고 그 격차는 날이 갈수록 벌어지고 있다. 정부가 사영화 의료기관의 고삐를 잡을 능력이 없기 때문이다.

앞으로도 의사 수를 늘리는 것은 쉽지 않아 보인다. 지금 같은 자본 앞의 무한 경쟁과 각자도생의 자영업자로밖에는 기능할 수 없는 의사만 많아진다면 앞으로 의사 증원 정책은 2020년보다 훨씬 더 폭력적이고 비문명적인 방식으로 전개될 것 같다.

하얀 정글…
의료가 자본주의를 만났을 때

전국의대교수협의회 의료정책토론회

2020년 12월 16일

사회 : 이인재(변호사, '의료문제 생각하는
변호사 모임' 대표)

패널 : 송윤희(영화감독, 직업환경의학과 전문의)
김현아(한림대 의대 교수)

시장에 내맡겨진 의료제도의 한계

사회자: 이번 시간은 다소 도발적인 주제로 시작하겠습니다. '의료가 자본주의를 만났을 때'라는 주제인데요, 2011년 〈하얀 정글〉이라는 다큐멘터리영화가 제작됐는데 감독이 현직 의사였습니다. 그때 인터뷰 내용을 잠시 소개하겠습니다.

『나는 의사로서 이 영화에 우리나라 의료 현실을 있는 그대로를 보여줄 것이다. 이 영화는 시장에 내맡겨진 의료제도의 한계 때문에 갈등하는 환자들과 의사들의 이야기다.』

직업환경의학과 전문의 겸 의사이면서 영화도 만드시는 송윤희 감독님을 모셨습니다. 한림대 의대 김현아 교수님도 모셨습니다. 의료의 상업성을 비판한 영화가 제작돼 화제가 됐는데요, 우리나라에서 첫 시도였던 것 같습니다. 송 감독님, 이 영화를 어떤 계기로 만들게 되셨습니까?

송윤희: 의료시스템 전체를 조망했다기보다는 어떤 환자를 경험하고 시작하게 됐습니다. 남편도 의사인데 2010년 안산의 작은 의원에서 50대 당뇨 환자가 의료비 때문에 치료를 못받은 채 방치되다시피 계셨어요. 당뇨신경합병증 때문에 방광이 굉장히 커져 소변줄을 달 정도까지 갔는데도 말이죠. 이 환자를 보고 우리 부부는 무척 놀랐었죠. 어떻게 이런 일이 있을 수 있을까? 이명박정부 때였는데 의료영리법인을 강력하게 추진하고 있었어요. 국가 차원에서 의료를 더욱 영리적으로 만드는 것에 문제의식을 갖고 영화를 만들게 됐습니다.

사회자: 김현아 교수님도 이 영화를 보셨습니까?

김현아: 그때도 봤고 최근에도 봤습니다.

사회자: 어떤 생각을 하셨습니까?

김현아: 저도 병원에 근무하니까 이런 일들을 피부로 느낄

때가 많은데요, 한마디로 정책 실패죠. 정책입안자들도 할 말은 있을 거예요. 돈이 없는 상황에서 의료보험을 우겨넣어 만들다보니 상당부분 민간시장에 맡길 수밖에 없었을 겁니다. 자기들은 최선을 다했다 하겠죠.

사회자: 영화를 못 보신 분들을 위해 스토리를 간략히…

김현아: 방치된 당뇨병환자, 돈이 없어 병원을 못 가 앉은뱅이 신세가 된 할머니, 수술을 여러 번 하면서 결국 아이가 죽게 돼 돈이 없어 아이를 못 살렸다는 죄책감을 갖게 된 부모. 의료 사업화를 위해 거창한 청사진을 제시하는 정치인들, …

월급의 10배를 벌어라

사회자: 그 정도면 충분하겠습니다. 영화에서 영리병원을 비판하셨는데, 영리병원이 생기면 무엇이 문제인가요?

송윤희: '투자개방형 영리법인병원'이 정확한 표현일 겁니다. 지금도 서울대병원을 필두로 많은 국립병원이 영리를 추구하고 있습니다. 비영리로 운영되는 곳은 없죠. 영리병원은 아예 주식회사처럼 운영되는데, 외부 자본이 병원 안으로 들어올 수 있고, 수익이 남으면 역시 외부로 나갈 수 있죠. 이미 상업화된 대학병원들이 치열하게 경쟁하고 있고 불필요한 군비경쟁도 하고 있지 않습니까? 병상 증설을 포함해서요. 그런 상

황에서 아예 대놓고 기업형으로 만들겠다는 것이 당시의 추진이었고요. 이미 충분히 상업화돼 있는데 주식회사, 기업으로 만든다고 하면 수익 창출에 더욱 열을 올릴 수밖에 없겠죠.

사회자: 얼마 전 제주에서 영리병원 개설 허가가 지연됐었죠?

송윤희: 2010년부터 박차를 가하다 행정적인 사유로 취소된 것 같은데 반대했던 사람으로 안도하고 있습니다.

사회자: '의료선진화', '민영화', '영리화' 같은 정책을 추진하는 이유가 무엇일까요?

김현아: 정책입안자들이 '의료는 공공재'라는 철학이 없습니다. 최근 공공의료를 둘러싸고 큰 갈등이 있었는데 정책입안자들부터 혼동하고 있어요. 공공의료기관들이 적자가 나면 국감에서 비난하고, 돈을 많이 벌면 과잉진료를 한다고 몰아붙이고, 한편에서는 "새로운 기술을 빨리 들여오면 '불로장생사회'를 만들 수 있어 큰돈을 벌 수 있다" 하고요. 정치권에서 의료를 굉장히 우습게 압니다. 지금까지 비교적 적은 돈으로 잘 운영돼 자만했는지 모르겠지만 내놓는 정책이 말밖에 없어요. 재정도 구체적 계획도 없고요. 그러다 잘 안 되면 편 가르기에 들어갑니다. "저 사람이 나빠 정책이 안 된다"고요. 아마추어 같은 정책들이 계속 만들어졌고 그 와중에 병원까지 끼어듭니다. 우리나라는 재벌이 병원을 가지고 있잖아요. 미국사람들조차

깜짝 놀라요. 대학병원에서는 교수가 자기 월급의 10배를 벌어야 한다는 말이 공공연하게 들립니다. 제정신이 아니죠. 조선말 지주와 소작농이 소출을 나눌 때도 지주가 반을 가져가는 "병작반수"라 사회 안정을 해친다 했는데 지금은 10배를 벌라니. 그런데 또 그걸 당연하게 받아들이는 사람들이 있어요.

사회자: 우리 의료법에는 '의료법인은 영리를 추구해서는 안 된다'는 조항이 있습니다. 대형병원들은 사회복지법인·재단법인·의료법인 등 법인이고, 이 법인들은 영리를 추구해서는 안 되도록 규정은 돼 있습니다. 개인병원은 사실 개인사업과 차이가 없고요.

김현아: 규정뿐이죠.

사회자: 2010년 이 영화가 만들어졌을 때 병원의 영리 추구 때문에 발생한 환자와 의사 간 갈등이 10년이 지난 2020년 지금 나아진 점이 있을까요?

김현아: 나아진 점이 없다는 것을 현실이 말해주고 있죠. 유럽처럼 코로나 일일확진자가 몇 만 명 단위가 아니고 천 명으로 늘어났을 뿐인데도 환자를 입원시킬 수 있는 공립 병원이 없다는 것 자체가 나아진 게 없는 거죠. 공공의료기관을 설립하려면 재정이 중요한데 재정에 관해서는 한 일이 없어요. 결국은 정책 실패죠.

병원과 보험자본의 담합

사회자: 영화에서 과잉진료 때문에 의료소송이 발생하는데요, 조금 더 사례를 말씀해주실 수 있나요?

송윤희: 소송은 의사의 행위에 하나하나 책임을 추궁하는 것이죠. 환자가 왔을 때 이 검사는 왜 안 했고, 이 말은 왜 안 했고, 너의 실책이 무엇이다 등. 다음 환자를 볼 땐 훨씬 더 방어적으로 진료할 수밖에 없죠.

사회자: 교수님도 과잉진료 때문에 소송 당한 사례가 있나요?

김현아: 거꾸로입니다. 소송 때문에 과잉 진료를 하게 되지요. 소송 때문에 과잉진료를 걱정하는 것은 의사마다 조금씩 다른데, 저처럼 소송이 별로 없는 과에서는 그게 두려워 검사를 더 하거나 안 하지는 않는데 가끔 보면 판결에서 어떤 검사를 안 한 것이 불리하게 작용되는 경우가 있더라고요. 사실 그 검사가 의미가 없는 검사일 가능성이 많은데, 이런 판결들은 문제가 되는 것 같습니다.

사회자: 실손보험사들이 의사들을 무더기로 고소·고발하고 있습니다.

김현아: 공보험 체제가 약해서입니다. 비급여가 굉장히 많잖아요? 비급여가 30% 이상이 안 되면 병원이 유지가 안 된다

고들 합니다. 비급여는 환자들이 자기 호주머니에서 내는 돈인데 이것을 어떻게든 상쇄하려고 틈을 파고드는 것이 실손보험인데 그들의 최종 목표는 공보험을 사보험으로 대체하는 것이 아닐까 합니다. 수입을 위해 비급여로 진료를 많이 하고 싶은 병원과 그것을 커버해 주겠다는 보험자본이 담합을 하는 셈이죠. 보험사들이 소송한다는 것은 비급여시장이 이렇게까지 빨리 클 줄은 몰랐을 겁니다. 우리가 가장 경계할 것이 실손보험사들이 자신들이 할 심사업무를 심평원에 해달라고 하는 거죠. 우리가 돈을 내 유지하는 공보험을 회사 이익을 위해 이용하겠다는 움직임에 대해서는 시민사회가 경각심을 가지고 대처해야 합니다.

사회자: 최근 보험사들이 시술 행위에 대해 고소고발을 하고 민사소송을 재개하고 있습니다. 보험사 입장에서 보면 부당청구 아니냐고 생각하고 법적인 절차를 취하고 있는 것 같아요. 심도 있는 논의가 필요할 것 같습니다.

젊은 의사들이 분노한 이유

사회자: 다음엔 송 감독님께 질문 드리겠습니다. 지난여름 공공의대와 의사증원 정책에 대해 대규모 의료파업이 있었습니다. 어떻게 보셨습니까?

송윤희: 의대생을 포함한 전공의들이 그렇게 분개해 파업까지 하는 것에 대해 같은 의사로서 이해가 되는 면도 있습니다. 그다지 긍정적으로 보지는 않습니다만, 파업 자체에 대해 사회적으로 옳다 그르다는 함부로 말할 것은 아니고요.

사회자: 감독님께서 의과대학생이나 전공의로 돌아간다면 파업에 참여했을까요?

송윤희: 2000년 파업 당시에는 저는 학생이었습니다. 그냥 우르르 따라가는 수준이었지요. 그 후 '의대생도 사회에 대해 알아야겠다', '공부만 하면 안 되겠다' 하는 흐름이 있었던 거 같기는 해요. 다시 의대생으로 돌아가면 얼마나 똘망똘망하게 내 주장을 할지는 잘 모르겠습니다.

사회자: 정부의 취지가 나쁜 게 아니거든요. 공공의료와 지역의료 균형발전을 통해 의사를 증원하자는데 왜 젊은 의사들이 그렇게 극렬히 반대했을까요?

김현아: 저도 젊은 의사들을 설득해 돌아오게 하려 애를 썼습니다. 그런데 설득이 안 돼요. 거의 통제가 불가능했죠. 비난하기는 쉬운데 이것을 현상 자체로 받아들여야 하는 것이 그들은 공공의료 개념이 전혀 없어요. 우리나라 의사는 이익을 추구하는 병원에서 일하거나 나가서 자영업을 하는 선택밖에 없어요. 이런 상황에서 한 명이라도 의사가 늘어나는 것을 받아들일 수 없겠죠. 정부가 의사들이 돈벌이에 내몰리지 않고

소신 있게 일할 환경을 만들어주지 않는 한 앞으로 의사를 늘린다고 하면 이 친구들은 더 한 파업을 할지도 모릅니다. 공공의료를 제대로 하려면 돈의 흐름을 봐야 하는데 당장 내년에 공공의료시설을 확충할 예산은 한 푼도 없습니다. 500억 원이 넘는 정부사업을 시행하려면 기재부에서 타당성평가를 받아야 하는데 한 번도 통과한 적이 없어요. 돈 벌이도 안 되는 공공의료기관에 왜 돈을 쓰냐는 논리죠. 예타라는 게 그냥 땅 파고 병원 짓는 것이거든요. 그 다음에 병원이 돌아가는 것은 완전히 다른 문제인데 병원을 짓는 것조차도 이렇게 어려운 거죠. 지난 메르스사태 때 공공병원이 필요하고 감염병 준비를 해야 한다는 이야기가 있었는데도 2020년까지 공공병원 침상 수는 계속 감소했죠. 정부 정책의 한계를 그대로 보여주는 거죠. 젊은 의사들이 여기에 분노를 했는지는 모르겠어요. 그것까지 알았는지는 모르겠는데 결국은 이것은 정부가 그동안 할 일을 하지 않은 것에 대한 반작용이지 의사들을 비난만 하면 아무 문제도 해결되지는 않을 것 같습니다.

'연봉 5억' 지방의료원의 비밀

사회자: 국민들 입장에서 볼 때 의대생들이 국시를 거부하고 정부의 공공정책에 반대하는 게 사실 좀 보기가 좋지는 않

거든요. 교수님 생각은 어떻습니까?

김현아: 프레임이 그렇게 잡히는 거죠. 우리나라는 의사가 고소득층으로 돼 있잖아요. 그런데 공공의료원 의사가 부족해 의사를 많이 만들겠다는데 자기들 월급 깎일까 봐 저렇게 싸우는 게 아닌가 하는 프레임이 만들어지죠. 국민들은 사람 생명을 다룬다면서 코로나가 창궐하는 시기에 자기 이익을 위해 뛰쳐나가면 당연히 좋은 여론이 생길 순 없죠.

사회자: 우리나라 의사들 수입이 OECD 국가들에 비해 많은 편인가요?

김현아: 그렇게 주장하는 분들이 굉장히 문제가 많은 데이터를 보여주시더라고요. 자본주의 사회에서 이유 없는 월급은 없습니다. 파업 때 어떤 분이 라디오에 나와 "어느 지방 의료원에 연봉 5억을 주는데도 안 온다. 그러니 의사를 많이 만들어야 한다"는 '아무 말 대잔치' 수준의 무책임한 말을 하는데 오히려 일을 그르치게 되죠. 지방 의료원에서 5억 연봉을 받는 분들은 1년 365일 당직서는 경우입니다. 실제로 그 조건으로 일한다는 의사도 있는데 근로기준법이고 뭐고 없이 열심히 일하고 났더니 국감에 가면 아니 왜 적자 나는 공공의료원에서 의사한테 5억 원이나 연봉을 주느냐며 기생충 취급을 합니다. 그러면 일할 이유가 없죠. 우리나라 개업의는 다 자영업이고 자기가 시설투자 하고 유지해야 하죠. OECD 국가 의사들은 대부분 월

급 받는 공무원으로 우리나라에는 있지도 않는 제너럴리스트, 1차의료의죠. 수련 기간도 짧고 정부에서 지정한 장소에서 진료만 보면 되는 1차의료의의 월급과 우리나라에서 자영업 하는 개원의들 수입을 비교하는 거 자체가 말이 안 되고요. 독일 의대 교수 친구가 있는데 능력에 넘게 환자 안보려고 악다구니 치는 저보다 환자를 반밖에 안 보는데도 "환자 많다"고 하더라고요. 정부는 "너희가 일이 많으니까 의사를 많이 만들어서 일을 줄이면 될 거 아니냐" 하고 의사들은 '그러면 내 월급을 얼마나 더 깎겠다는 건가' 생각하는 거죠. 결국 의료를 사영화 시장에 맡겨놓으면 당연히 의사들 수입은 올라갈 수밖에 없어요. OECD 국가에서도 공무원이 아닌 개원하고 우리나라처럼 일하는 의사들은 수입이 굉장히 높아요. 우리나라 의사들이 일반인에 비해 월급이 많은 것은 사실이지만 완전히 다른 토양에서 비교하는 것은 잘못된 거죠.

차라리 국시 거부를 허하라

사회자: 학생들이 국시를 거부하자 국민들이 청와대에 청원해 "시험을 못 보게 하라"고 하지 않습니까? 지금 코로나19 때문에 빨리 현장에 투입할 의료진들이 필요한데 국시를 볼 본과 4학년들에게 신속하게 국시 볼 기회를 주어야 할까요. 스스

로 거부한 것이니 다음해에 기회를 주어야 할까요?

송윤희: 굉장히 민감한 질문인데요. 저는 현장에 있던 사람으로서 이번 의료공백이 굉장히 걱정됩니다.

사회자: 의료공백이라는 게 사실 국민들과 정책입안자들에게 와 닿지 않거든요. 어떤 의료공백을 말하는 건지 쉽게 설명해 주시겠습니까?

송윤희: 내년 3월부턴 인턴이 안 들어옵니다. 그 자리를 레지던트나 다른 사람들이 해야겠지요. 아니면 간호조무사들에게 나누어줘야 합니다. 인턴이 하는 일이 굉장히 전문적인 일은 아니지만 의료법상 의사만 할 수 있는 일을 합니다. 튜브를 꽂는 것도 간호사는 못하게 돼 있어요. 그런 일을 전공의들에게 올려 보낼 것인가, 일시적으로 간호사가 할 수 있게 할 것인가. 이런 의료공백이 있습니다.

사회자: 이번 기회에 우리가 의료인 공급체계의 문제점을 개선하자는 주장도 있던데 교수님 보시기에는 어떤지요.

김현아: 국민, 정치권, 의과대학생들이 바라보는 시각이 너무 달라 의견을 모으는 건 불가능하다고 봅니다. 저는 국시를 구제해주면 안 된다는 입장입니다. 이대로 밀고 나가면 큰 혼란이 있겠지만 이번 기회에 상급 종합병원의 환자 수가 굉장히 줄어들 수도 있어요. 다른 방법으로는 도저히 고치지 못했던 문제들이 해결이 될 수도 있지 않을까 합니다. 코로나가 얼

마나 더 퍼질지 모르는 상황에서 서로 자존심싸움할 때는 아니거든요. 실기시험이 형식적인 면도 있고, 얼마든지 다른 방법으로 판단할 수도 있죠. 미국에서는 의료 인력이 너무 부족해 본과 4학년들을 졸업 전에 현장에 투입했거든요. 지금 더 상황이 나빠지면 그렇게라도 풀어나가는 방법밖에 없지 않을까 합니다. 국시 구제는 합의도 되지 않고 너무 많은 갈등 소재가 되고 '나쁜 놈 만들기', '편 가르기'가 또 시작되거든요.

의료의 본질로 돌아가자

사회자: 우리는 계속 의료의 공공성을 이야기해 왔습니다. 그럼에도 일각에서는 영리추구를 계속 이야기하고 있고요. 의료의 공공성과 영리추구는 이해관계가 상충됩니다. 이런 충돌 문제를 어떻게 해결할 수 있을지 대안이 있을까요?

송윤희: 영화 하나 만들었다고 누가 저한테 이런 말을 하더라고요. 평론가가 문제만 지적하고 대안을 제시하지 않아 아쉬웠다고요. 한 시간 반짜리 영화에서 한 나라의 의료제도의 청사진을 그리는 건 불가능하죠. 의료소비자, 환자, 국민 입장에서 봤을 때 우리나라 의료가 공급체계는 사적이고요. 의사들이 빚을 내 만들어 사적 공급이고 그에 대한 재정은 공적인 것이죠. 이 안에서 환자들은 많은 혜택을 얻죠. 전문의를 만나

는데 이렇게 문턱이 낮은 나라는 없을 겁니다. 저도 각막에 상처가 났는데 안과의사를 금방 볼 수 있어 좋았었어요. 우리나라 의료는 문제가 많습니다. 영리를 추구하고 의료비가 너무나 급박히 증가하고 있지만 여전히 미국·영국보다 훨씬 낮습니다. 오랫동안 정책을 연구하신 분도 대안을 한마디로 이야기하기 어려울 겁니다. 10년 전에 영화를 만들었던 감독 입장에서 이야기하자면 의료기관들이 경쟁을 덜 할 수 있게 해야 합니다. 시장에 내놓았기 때문에 빅5 대학병원이 다들 경쟁하고 있지 않습니까. 공공의대를 만들어 증원하겠다는 정책 말고 정부는 공공의료의 강화에 아무 관심이 없습니다. 산업으로 발전할 모든 기회를 최대한 주고 있습니다. 의료기기뿐 아니라 신약도 비용효과가 제대로 확인되지 않았는데도 건강보험에 '예비급여' 명목으로 포함시키려 하고요. 공공의료 공약을 포기한 상황에서 코로나 2차 위기가 생겼을 때 의사 증원을 들고 나왔을 때는 진정성이 의심됐습니다. 과잉경쟁을 막아야 하는데 지금도 증원 주장만 하고 있죠. 병상 수에 대한 규제를 2000년대에 했다면 대학병원들이나 빅5 병원이 1차병원 환자들을 데려가지 않아도 됐을지 모릅니다. 이미 병상은 증설됐고 더 증설할 수도 있어요. 규제를 했으면 좋겠어요. 고혈압·당뇨환자는 1차병원에서 보고 3차병원에서는 암환자를 보게 해 본연의 역할을 할 수 있도록 의료체계가 확립돼야 합니다. 중구난방으로 볼 수 있는 환자 다 보고 1·2차 병원에서도 대학병원에서 하는 것을 가지고 와서 로봇이든 뭐든 하려는 상황은 국가에서 규제를 해야 하지 않을까 합니다. 비용효과가 제대로 검증되지 않은 신의료기기나 제약산업 정책은 그만 했으면 좋겠습니다.

사회자: 교수님은 다른 견해나 보충할 견해가 있으실까요?

김현아: 유전자검사를 예로 들겠는데요. 새로운 것이라는 이유로 각광받는 산업으로 포장되고요. 제가 희귀병 환자들을 유전자검사로 진단하는데 실제로 유용한 검사는 몇 개 안 돼요. 대부분은 몇 개 유전자를 조합해 이 유전자를 가지면 위험률이 1.5~2.5배 늘어난다는데 병이 생긴다는 건지 안 생긴다는 건지 의사들도 혼동되거든요. 이런 유전자검사는 비급여로 해야 하는데 거꾸로 돼 있어요. 희귀병을 진단하려면 환자를 굉장히 잘 봐야 하거든요. 진찰도 잘해야 하고 병력도 잘 청취해 이 환자가 이쪽 병이 의심이 돼 유전자검사를 해야 정상적인데 우리나라는 거꾸로 돼 있습니다. 3분 진료해 모호한 증상이 있으면 혹시 하고 유전자검사를 대거 하는데 대부분 꽝이 나오죠. 그러면서 유전자회사는 돈을 벌고 환자들은 돈을 쓰게 되는 구조입니다. 우리나라가 지금까지는 빨리빨리 전문의를 보는 것은 잘했지만 앞으로 잘 될지 굉장히 암울하다고 봅니다. 지금 정책입안자들의 진정성 내지는 실력을 고려해 봤을 때 희

망이 별로 없어요. 입으로 의료정책을 만들고 잘 안 되면 편 가르기 하는 식으로 하면 아무것도 안 됩니다. 지금이라도 좋은 정책을 만들려면 갈등을 최소화하고 좋은 방향으로 가야 하는데 정책 한번 만들었다 하면 다 들고 일어나 파업하고 서로 못 믿게 되면 정치를 잘못하는 거죠. 어느 집단을 손가락질하기 전에 의료의 본질이 무엇인지부터 정책입안자들이 잘 생각해야 합니다.

좋은 의사 찾는 법

사회자: 환자 입장에서 좋은 병원을 선택하는 기준이나 방법이 있을까요? 좋은 병원 선택하는 것도 쉽지 않네요.

김현아: 좋은 의사를 선택하시면 됩니다.

사회자: 좋은 의사는 어떻게 선택할 수 있을까요?

김현아: 좋은 의사 찾기가 지금 의료시스템에서는 점점 어려워지고 있어요. 저는 환자들한테 당신을 가장 오래 본 의사, 가장 가까이 있는 의사가 제일 좋은 의사이니 명의 찾아 멀리 다니지 말라고 합니다. 당신 말을 1분이라도 더 들어주는 의사가 있으면 꼭 잡고 관계를 유지해라. 그런 의사 만나기 점점 어려워진다. 딸이 "엄마 인테리어가 화려한 병원에 가면 괜히 검사를 더 해 진료비가 훨씬 많이 나오더라" 하더라고요. 그래서

"너 참 똑똑하다. 대부분 인테리어가 잘 돼 있고 화려하면 좋은 병원인 줄 아는데…" 했죠. 그게 지금 진실입니다. 우리나라가 저수가라는 건 다 알려져 있잖아요. 시설투자를 감당하려면 무리한 의료행위가 일어날 가능성이 있습니다.

송윤희: 소박한 인테리어를 찾는 것도 하나의…(웃음)

사회자: 환자 입장에서는 방송 보고 '저 교수가 명의구나' 하거나 인터넷 검색창에 '투석 전문' 치고 찾아가는 게 전부인데, 방송에 나온다고 진짜 명의인지, 인터넷 검색에 나온다고 진짜 전문의인지 알 수 없죠.

김현아: 명의인데 하루에 환자를 100명 넘게 보면 무슨 의미가 있을까요?(웃음)

사회자: 환자 입장에서는 누가 환자 말 들어주고 진정한 치유를 해줄 명의인지 알 수 없죠.

송윤희: 어떤 제도나 어떤 방법이 쉽게 만들어지기도 어려운 것 같습니다. 수술성공률, 환자사망률 같은 것으로 따지기도 어렵습니다. 공장지대에서 수술하는 의사와 부유한 강남에서 수술 하는 의사가 있다면 당연히 사망률은 강남 의사가 낮겠죠. 하지만 그 의사의 시술 능력을 평가하기 어렵습니다. 그걸 수치화하거나 랭크하는 것은 어렵고요. 환자나 가족 입장에서는 그런 시스템이 있으면 좋겠지만.

사회자: 최근 대학병원에 가보면 안과도 각막, 망막, 시신

경 등 세부적으로 전문화돼 있어 백내장 전문의한테 녹내장 안 해, 망막 전문의한테 각막 안 해 하는 바람에 전체적인 숲을 보지 못해 발생하는 문제점도 많이 있더라고요. 어떤 원장님이 'ㅇㅇ과닷컴'을 만들어 환자가 검색하면 안내해주도록 하면 어떨까 이야기한 적이 있었는데 그것도 제대로 연결될 수 있을지는 시행착오를 겪어봐야 할 것 같습니다. 의료는 A다, B다 답이 없고 회색지대로 절충되는 것 같습니다.

김현아: 많은 대화가 필요합니다. 의사, 환자, 시민사회 모두 계속 토론을 건전하게 해나가야 합니다. 우리나라 의료는 정부가 꼭 해야 할 일은 안 하면서도 하고 싶은 건 다 할 수 있는 구조입니다. 의료재정이 투입되는 고가의 의료기기나 약제를 허가해 주는데 사실상 정부가 마음대로 조정하는 구조거든요. 이런 것들은 고쳐야 합니다.

사회자: 의료가 자본을 만났을 때, 도발적이고 핵심 있는 토론이 필요한 주제인 것 같습니다. 앞으로도 토론이 이어졌으면 하는 바람입니다.

에필로그 - 1년 후

2020년 9월 보건복지부는 2021년 보건복지부 예산을 2020년 대비 9.2% 증가한 90조1,536원으로 편성했다. 늘어난 예산 중 공공의료기관 지원에 관해 살펴보면, 지역거점병원 공공성 강화에 들어가는 73억 원이 전부다. 의료기기산업 경쟁력 강화 사업(184억 원 증액), 제약산업 육성 지원 (164억 원) 등의 K 바이오헬스 육성 사업에 비해도 턱없이 못 미치는 수준이다.

이 모든 사안의 시발점인 코로나는 K방역의 성과로 2021년 3차 유행까지도 대규모 의료 붕괴 없이 잘 대처하는 듯 보였고, 2021년 3월 의료진부터 시작한 백신 접종도 외국에서처럼 집단적 접종 거부 움직임도 없이 순조롭게 진행되는 듯 보여 낙관을 하는 상황이었다. 그러나 자연계는 그리 호락호락하지 않았다. 인도에서 시작된 델타변이가 들불처럼 번지고 있었고, 호주에서는 인도에서 오는 자국민조차 입국을 금지하는 사태가 벌어지고 있었다. 변이가 속출하리라는 것은 기감염된

방대한 인구를 감안하면 피할 수 없는 일이었다. 2021년 7월 일일 확진자가 매일 1,000명을 넘는 4차 유행이 시작됐다.

정부는 다시 강화된 거리두기를 시작했다. 많은 사람으로부터 불평이 쏟아져 나왔다. 1년이라는 긴 시간 동안 아무것도 변함이 없는 방역 정책에 대한 인내가 바닥에 달한 결과였다. 특히, OECD 국가 중 가장 높은 비율을 차지하는 자영업자들의 고통은 이루 말할 수 없었다. 이들은 급기야 '코로나 걸려 죽으나 빚에 깔려 죽으나'를 외치며 수차례 심야 차량 시위를 벌이며 정부의 4단계 거리두기에 항의했다. 인터넷 댓글에서는 이들을 향해 다시 "밥그릇" 비아냥이 쏟아졌다.

이쯤에서 코로나 초기에 고전했던 OECD 국가들의 상황을 보면 의아한 점도 많았다. 백신 접종을 빠른 속도로 진행했음에도 불구하고 1일 확진자가 다시 3만을 넘어선 영국은 마스크를 벗는 관객이 대규모로 모여 축구경기를 관람하고 있었다. "백신독재"에 대규모 항의시위를 벌인 프랑스도 일일 수만 명 대 환자가 발생하고 있었지만 실내 마스크 이외의 방역조치는 더 이상 시행하고 있지 않았다. 중증환자 중심으로 체계를 전환하고 의료 시설을 확충한 결과였다.

대한민국은 'K방역'과 "공공의료 강화"의 레토릭에도 불구하고 4차 유행과 함께 민간의료기관에 병상 동원 명령을 내려야 했다. 두 번째였다. 병상뿐 아니라 인력도 태부족이었다. 일일 확진자 2,000명에서 일어나고 있는 일이었다. 급기야 2021년 9월 보건의료노조는 변한 것이 없는 정부의 태도를 이유로 총파업을 예고했다. 이들이 요구한 것은 공공병원 신축, 감염병 대응과 보건의료인력 지원 등 공공의료 강화를 위한 대규모 예산 편성, 그 하나였다.

보건의료노조가 제시한 주요 예산 요구 내역은 ▲공공병원 25개 신축 등 신증축 예산 연간 2조2,320억 원(5년 간 11조1,600억 원) ▲국립공공의과대학 건축 예산 374억 원 ▲공공병원 적자 해소 예산 최소 300억 원 ▲보건의료산업 교대근무제 시범사업 예산 744억8,000만 원 ▲적정 보건의료인력 기준 연구 및 보건의료인력 종합 데이터베이스 구축 예산 40억 원 ▲감염병 대응 의료인력 지원수당 3,000억 원 등 총 2조6,778억 원 규모였다.

이들은 "정부가 내놓은 공공의료발전기본계획은 국민의 기대를 담기에 한참 부족한 용두사미 계획에 그쳤다. 코로나19 4차 유행으로 국회에서 논의된 추가경정예산 중 보건의료인력 지원금 규모는 두 달도 가기 어려울 만큼 생색내기 수준"이라면서 '2019년 보건의료인력지원법이 제정됐으나 그 후 2년간 정부가 한 일은 종합계획과 실태조사연구 발주가 전부'라고 지적했다.

똑같이 코로나가 엄중한 상황이었음에도 불구하고 보건

의료노조의 파업을 비난하는 사람은 거의 없었다. 우리 사회가 의료에 기대하는 모습이 무엇인지를 보여주는 현실이었다.